ABRAHAM
LINCOLN

ABRAHAM LINCOLN

por Juan Pablo Morales Anguiano

Grupo Editorial Tomo, S.A. de C.V.
Nicolás San Juan 1043
03100 México, D.F.

1a. edición, marzo 2004.

© Grupo Editorial Tomo, S.A. de C.V.
  Abraham Lincoln

© 2004, Grupo Editorial Tomo, S.A. de C.V.
  Nicolás San Juan 1043, Col. Del Valle
  03100 México, D.F.
  Tels. 5575-6615, 5575-8701 y 5575-0186
  Fax. 5575-6695
  http://www.grupotomo.com.mx
  ISBN: 970-666-919-1
  Miembro de la Cámara Nacional
  de la Industria Editorial No 2961

Proyecto: Juan Pablo Morales Anguiano
Diseño de Portada: Trilce Romero
Formación Tipográfica: Servicios Editoriales Aguirre, S.C.
Supervisor de producción: Leonardo Figueroa

Impreso en México - *Printed in Mexico*

Contenido

Prólogo

Pocas personas en la historia han dejado una huella tan profunda como Abraham Lincoln, un hombre de gran altura, tosco y torpe, pero de un corazón enorme. Durante toda su vida nunca hizo daño a nadie pues era tolerante hasta un punto que rayaba en la desesperación. Su niñez había estado marcada por la pobreza y condiciones infrahumanas de vida, pero eso no le importaba, él era feliz entre los animales y sus juegos, los cuales eran interrumpidos por las tareas domésticas.

Su padre había sido un hombre desobligado y carente de educación, no tenía sentido del valor del dinero y mantenía a su familia sumergida en la más miserable de las pobrezas. Su madre, hija de una mujer sumamente polémica, se había casado con Tom Lincoln, sin saber qué clase de vida llevaría, y sin saber que a muy temprana edad encontraría la muerte debido a una enfermedad que asolaba la región.

Abraham Lincoln sintió desde pequeño la gran necesidad de aprender, y como podía, se hacía de los medios para lograrlo. Había conocido a gente que le ayudaría en su camino, pero no cabe duda, que estaba predestinado a ser una de las piedras angulares de la Libertad y los derechos humanos no sólo de su país, sino del mundo entero. Toda su vida luchó por la justicia, primero como abogado y después como presidente de los Estados Unidos de Norteamérica.

Durante su periodo como presidente fue elegido dos veces, aunque el segundo periodo no lo concluyó debido a que fue asesinado por el cobarde John Wilkes Booth, un mediocre actor en busca de fama y fortuna. Pero es innegable que la mano amorosa de Lincoln durante su gobierno logró la hazaña de reunir a un país que parecía destinado a separarse para siempre, logrando así una victoria, no militar, sino de amor a su patria.

Abraham Lincoln fue odiado por sus mismos miembros del gabinete, quienes después de conocerlo y ver sus obras aprendieron a amarlo y respetarlo. Tan fue así, que uno de sus peores enemigos, Stanton, lloró por él en la misma cabecera cuando estaba muriendo el hombre más grande que ha dado ese país: había muerto Abraham Lincoln.

Sus discursos marcaron para siempre las mentes de hombres dispuestos a luchar contra la injusticia; a dar la vida por una causa noble y justa, como lo son los derechos humanos. A Lincoln se le debe la abolición de la esclavitud en los Estados Unidos de Norteamérica, y arriesgó su vida en pos de conseguir lo que consideraba una obligación moral.

Así que en estas páginas encontrará una historia de superación, coraje, lealtad, amor y lucha. En pocas palabras, encontrará la magistral vida de Abraham Lincoln.

1

Preámbulo

Lucy Hanks

En la antigua población de Harrodburg, que antes se llamaba Fuerte Harrod, se desarrolló una historia que cambiaría la historia de los Estados Unidos de Norteamérica y por qué no, del mundo. En esa localidad vivía una mujer de nombre Ann McGinty, de quien se dice, ella y su marido trajeron los primeros cerdos, patos y rueca a América; la señora McGinty debe su fama a la necesidad de obtener tela para fabricar ropa, pues en ese lugar no se podía comprar el algodón y los lobos hallaban en las ovejas un delicioso y fácil manjar, así que tampoco tenía lana, lo que la hizo inventar una nueva tela basada en dos sustancias de fácil obtención por esos lugares: se trataba de la lana del búfalo y la hilaza de ortiga.

Esta invención le valió rápidamente el reconocimiento de las demás mujeres de las cercanías, quienes la visitaban para que les enseñara su técnica, así que su casa se encontraba ocupada todos los días, por lo que rápidamente se volvió un centro de comunicación; todos los chismes de la región eran comentados con gran interés entre las mujeres que se solían sentar a hilar en el pórtico de la señora McGinty, dándole el cuestionable reconocimiento de centro de chismorreo de la región.

Es en este lugar que la suerte de Lucy Hanks comenzó a fraguarse, en aquellos inhóspitos días, cuando la legislación y costumbres eran mucho más rígidas, sobre todo en el aspecto moral; la fornicación era motivo de acción legal, es decir que aquella persona que fuese sorprendida era sujeta a proceso judicial, y el ser un hijo natural, o bastardo, era un delito, aunque menor. La señora McGinty se encargaba personalmente, en cuanto llegaba a enterarse de un caso de este tipo, de acudir rápidamente a la sede del Gran Jurado para dar aviso.

En los archivos del Tribunal menor de esta ciudad se pueden encontrar expedientes en los que se constata la participación de la señora McGinty, pero el que nos interesa es el de Lucy Hanks, el cual, según el expediente, fue iniciado el 24 de noviembre de 1874 por fornicación. Pero ésta no era la primera vez que la mujer era acusada de esa falta, ya que años atrás, en Virginia, ya se le había abierto proceso por el mismo motivo.

No existen muchos datos e información sobre este caso, ya que sucedió cuando la morada de los Hanks estaba en un breve terreno delimitado por los ríos Rappahanock y Potomac, sobre las orillas de los cuales también vivían los Washington, Lee, Carter, Fauntelroy y algunas otras familias distinguidas. Estas familias, al igual que las familias pobres y sin linaje noble, solían acudir a los servicios religiosos de la iglesia cristiana. En cierta ocasión, en noviembre del año de 1871, Lucy se encontraba entre los presentes. Era una ocasión especial, ya que el general Washington había sido invitado al servicio, y éste a su vez invitó al general La Fayette. Ambos acababan de derrotar al ejército de Cornwallis en Yorktown.

Pero el general La Fayette era conocido por su gran afición a las mujeres, en especial si eran jóvenes y bonitas, así que esa ocasión saludó con un beso en la mano a siete jovencitas, lo que no fue muy bien visto por los asistentes, levantando un gran revuelo entre la sociedad de chismes de la señora McGinty; sin embargo, lo más importante fue que una de esas mujeres era Lucy Hanks. En esa ocasión entre los asistentes al servicio se encontraba un rico terrateniente que cuidaba férreamente su soltería; este individuo había escuchado hablar acerca de la belleza de Lucy y de su familia, la cual era analfabeta y sumamente pobre. Sin duda, aquel beso que el general había brindado a esta mujer, le había dado un brillo especial ante los ojos del hacendado.

La nueva impresión que tenía de la señorita Hanks le robaba el sueño, por lo que era necesario comenzar a fraguar un plan que lo llevara a acercarse a ella. Así, pues, dos días después, dirigió sus pasos hacia la humilde cabaña que ocupaba Lucy con su familia y tras una breve negociación logró contratarla como criada para la granja de su plantación, aunque la verdad era que no necesitaba más sirvientes para esto, pero la atracción, o mejor dicho, el capricho que sentía por la jovencita era superior a sus fuerzas y a su razón.

Al llegar la joven a su casa, el hombre le destinó labores sumamente ligeras y le prohibió cualquier tipo de contacto con los esclavos. El patrón había estudiado en Oxford, tal como era la costumbre entre las familias aristócratas de aquellos tiempos, así que en su biblioteca se podía ver una gran colección de libros, la cual era su orgullo. Cierto día, mientras Lucy se encontraba sacudiendo los libros de su patrón, se topó con un libro de historia ilustrado, cuyas imágenes de inmediato llamaron poderosamente su atención, por lo que se dedicó un largo rato a contemplarlas.

Cuando el patrón llegó y entró en la biblioteca, encontró a la mujer sentada en el piso y con la vista clavada en el libro; la escena conmovió a aquel hombre ya que era poco común que una mujer de su condición se interesara por un libro, y mucho menos por esos temas. El hombre se sentó junto a ella y comenzó a explicarle todas y cada una de las ilustraciones. Una vez que terminó, la reacción de la mujer le dejó con la boca abierta, pues después de la explicación de su patrón, Lucy quería aprender a leer y a escribir.

Por el año de 1871, en Virginia no había escuelas gratuitas. El analfabetismo era un gran problema en la población, ya que más del cincuenta por ciento de la misma no sabía ni siquiera escribir su nombre y mucho menos firmar. El deseo de Lucy era sumamente raro, pero le resultaba conveniente al patrón, quien desde la primera vez que la vio sintió un gran deseo por ella y esta era una oportunidad de oro para él, así que se ofreció a ser su maestro y la enseñanza comenzó al otro día por la noche.

La cena había terminado cuando el patrón llamó a Lucy a la biblioteca para iniciar sus lecciones; comenzaría por aprender las letras del alfabeto y él solía tomar la mano de Lucy mientras ella practicaba caligrafía para ayudarle a formar las letras. Esto aumentó la confianza de ella por su patrón, y con el tiempo las lecciones se fueron haciendo más largas y frecuentes. Hemos de decir que la caligrafía de Lucy era muy buena considerando que la caligrafía general era mala, ni siquiera la del mismo George Washington era buena.

Cuando las lecciones terminaban, maestro y discípula se quedaban juntos en la biblioteca: él la enamoraba y ella terminó por ceder, pues confiaba ciegamente en su maestro. Sin embargo esta confianza sería defraudada. Semanas después, Lucy comenzó a experimentar cambios en su cuerpo, la angustia se apoderaba de sus pensamientos y ya no lograba concentrarse en sus lecciones, había llegado el momento de confesarle a su amo lo que estaba a sucediendo. Una vez que el patrón lo supo, comenzó a considerar la idea de contraer matrimonio con aquella humilde y analfabeta mujer, pero las consecuencias sociales eran demasiado abrumadoras, pues sería crucificado socialmente y su familia sería capaz de retirarle el habla.

Así que optó por la solución más sencilla: llamó a Lucy a la biblioteca, le dio algo de dinero y la despidió mandándola de regreso con su familia. Mas las penas de Lucy tan sólo comenzaban, ya que con el paso del tiempo su fisonomía fue dando cuenta de su estado y las personas del pueblo empezaron a murmurar y a señalarla. La situación alcanzó su peor nivel cuando ya había nacido su hijo y se le ocurrió llevarlo a la iglesia. Esto causó una gran conmoción, ya que las mujeres "decentes" se escandalizaron y pidieron a gritos que aquella "perra" abandonara el lugar.

Aquel incidente terminó de convencer al padre de Lucy de que era necesario mudarse a otro lugar donde nadie los conociera y pudieran vivir con tranquilidad, además de que resultaría más fácil mentir sobre la paternidad del hijo de la joven. Echando todas sus pertenencias en la carreta, la familia de Lucy emprendió su mudanza: habían puesto su mirada sobre un lugar llamado Fuerte Harrod. Su llegada a ese lugar fue tranquila, como lo fueron los primeros días, pero los problemas parecían seguir a Lucy, quien siendo joven y muy bella, seguía siendo un imán para los hombres.

Lucy volvió a enamorarse y de nueva cuenta sucumbió ante la pasión, pero como nunca se caracterizó por ser una mujer discreta o temerosa de los comentarios de los demás, alguien se dio cuenta y se lo comentó a otra persona y así el rumor fue creciendo hasta que llegó a los oídos de Ann McGinty, la vocera oficial de los chismes del pueblo. En el mes de noviembre, la señora McGinty se trasladó hasta el Tribunal y puso una denuncia por fornicación en contra de Lucy. Esta denuncia prosperó y el jurado declaró culpable a la señorita Hanks, por lo que le entregaron al comisario un citatorio para ella, pero como el oficial sabía del carácter indómito de Lucy, se guardó el citatorio y se olvidó del asunto.

En el mes de marzo se efectuó una nueva reunión del Tribunal y con ella llegó una nueva mujer que denunciaba a Lucy como fornicadora, además de que exigía que la delincuente fuera llevada ante la presencia del jurado para que respondiera a los cargos en su contra, por lo que se abrió un nuevo proceso y le fue enviado un nuevo citatorio. Esta vez sí llegaría a sus manos, pero al recibirlo, Lucy lo rompió en pedazos y lo lanzó en la cara del enviado del Tribunal. Esto obligó al Tribunal a sesionar al respecto en el mes de mayo, y esta vez Lucy sería llevada, incluso por la fuerza, pero apareció un honorable hombre que la ayudaría a salvar aquel escollo.

Se trataba de Henry Sparrow, quien en su visita al pueblo llegó hasta la casa de los Hanks, y después de tocar la puerta y ser recibido, le pidió matrimonio a Lucy. Sin embargo ésta no estaba dispuesta a casarse de inmediato, ya que no quería aparentar que lo hacía para salvarse de la cárcel, así que le propuso a Sparrow que esperaran un año para poder probarle a todo el pueblo que podía vivir decentemente, y si al término del plazo, Sparrow todavía la quería, entonces podrían casarse.

Aquel joven estaba plenamente convencido del amor que sentía por Lucy, así que se dirigió al registro civil y sacó la licencia de matrimonio con fecha del día 26 de abril de 1790, y un año después, contrajeron matrimonio. Pero esta unión sería motivo de una nueva serie de chismorreos de la señora McGinty y sus amigas, quienes afirmaban que Lucy volvería a cometer su delito y el matrimonio terminaría rápidamente. Esto llegó a los oídos de Sparrow, quien decidido a proteger a su amada, le propuso mudarse al Oeste, pero Lucy no aceptó.

Ella debía demostrar que no era mala y que tan sólo había sido una víctima de las circunstancias y de los hombres; así pues no se mudaría de aquel lugar, al contrario, se quedaría y demostraría que no era una delincuente. Años después, aquella tozuda mujer que se había quedado en ese poblado había criado a ocho hijos, y limpiando su reputación que tan escarnecida había sido por causa del amor y la confianza ciega.

Su mano para criar a sus vástagos no pudo ser la de una mujer mala y libertina, ya que dos de ellos llegaron a ser predicadores, y uno, el más importante de todos ellos, llegó a ser presidente de la que sería la nación más poderosa de todo el mundo: los Estados Unidos de Norteamérica. Su nombre era Abraham Lincoln.

Nancy Hanks

Nancy fue criada por sus tíos y es casi seguro que no haya recibido educación escolar recibido, pues no sabía escribir y así consta en los archivos de historia norteamericanos, pues solía trazar un signo para firmar. Esta mujer vivía en la profundidad de los bosques, casi sin amigos; su experiencia en el mundo era nula, así que el día que conoció a un torpe e ignorante cazador de nombre Thomas Lincoln, sintió que había conocido al hombre más apuesto de todo el mundo. Ella tenía veintidós años cuando contrajo matrimonio y su vida sería muy corta debido a una severa enfermedad.

Lincoln era un paria, no conservaba un trabajo por demasiado tiempo, además de que le gustaba vagabundear, trabajando cuando su estómago casi lo obligaba a ello. Sus trabajos consistían en largas jornadas por los caminos, cazando osos, cortando la hierba, sembrando, arando y construyendo cabañas con troncos, incluso trabajó dos veces custodiando presos armado de una escopeta. Uno de los sueldos más importantes que obtuvo fue de seis centavos la hora, su labor consistía en perseguir y atrapar a unos esclavos negros que se habían fugado de su dueño. Quién hubiera imaginado que su hijo dedicaría un gran esfuerzo en acabar con las denigrantes condiciones de la esclavitud.

Sin embargo, Tom Lincoln era un hombre que no se preocupaba por el futuro, había vivido catorce años en una propiedad de Indiana, tiempo en el cual nunca pudo reunir la cantidad de diez dólares para poder pagarla. Cuando se casó hizo un esfuerzo por comenzar a sentar cabeza, así que viajó a la ciudad y consiguió trabajo como carpintero. Su primera encomienda fue la construcción de un molino, pero como sus conocimientos y dedicación no fueron suficientes para lograrlo, ya que las vigas estaban generalmente cortas o chuecas, y nada cuadraba, y su patrón se negó a pagarle y se realizaron tres juicios.

Tantas dificultades en la ciudad, llevaron a Tom a entender cuál era su lugar. Él no debía salir de los bosques, allí nunca se metía en problemas y le daban lo necesario para sobrevivir, así que tomó a su esposa y la llevó a vivir a una pequeña y miserable propiedad localizada en la periferia del bosque: nunca más volvería a trabajar en la ciudad. Cerca de Elizabethtown existía una propiedad llamada "los páramos", en donde solían los indios encender sus hogueras tribales, así que el terreno estaba completamente desolado, pero, sin tomar en cuenta esto, Lincoln compró una parte de este lugar por la cantidad de 66 centavos por acre. Lo más cercano a esa propiedad era la cabaña de un solitario cazador, y fue en esa cabaña donde el año de 1809 nació Abraham Lincoln.

Abraham llegó al mundo un domingo por la mañana, en un humilde lecho improvisado con estacas y cascarillas de maíz. Afuera el clima era intolerable, la nieve azotaba la cabaña con una furia indescriptible, se metía por las rendijas de los troncos y llegaba hasta la piel de osos con la que estaba cubierta Nancy y su recién nacido. La suerte de Nancy nunca fue muy buena, pero haberse casado con Tom no podía ser peor, lo único que le hacía tolerable aquella vida llena de sufrimiento y privaciones eran sus hijos, pero no disfrutaría su crecimiento, ya que moriría nueve años después.

El comercio en la zona donde vivían los Lincoln estaba marcado por la carencia de valor del dinero, por lo que utilizaban el trueque como sistema comercial, así que los cerdos, el whisky, las pieles, los venados y productos producidos en las granjas, eran la moneda circulante. Se dice que incluso los predicadores tomaban a cuenta el whisky. Tom sucumbió a la tentación y cuando Abraham tenía ocho años, cambió su pequeña propiedad por cuatrocientos galones de whisky de maíz y se mudó con su familia a los inhóspitos bosques de Indiana. En aquel desolado paraje, en el que para poder llegar a algún lugar era necesario abrir camino con el hacha, pasó Abraham los primeros catorce años de su vida.

Cuando llegaron a su nueva morada, no había casa y la nieve comenzaba a anunciarse, por lo que Tom construyó un cobertizo con troncos, el cual no tenía ni ventanas ni piso y mucho menos puerta. La humildad de la construcción permitía que el viento entrara libremente, así como la nieve y la lluvia; aquel cobertizo era tan miserable que alguien con un poco de sentido no guardaría ni a sus animales en él, pero en esas condiciones hizo Tom que su familia pasara todo el invierno de 1816, el cual es considerado como uno de los más inclementes de toda la historia.

Los Lincoln dormían en un rincón todos acurrucados para conservar el calor corporal. Su lecho eran hojas y una piel de oso tendidas en el suelo; si hablamos de su alimentación, no consumían huevos o fruta, Tom les proveía todo lo que el bosque producía, así que la caza y las nueces eran su sustento. El padre de Abraham tenía en verdad muy mala suerte, ya que en una ocasión logró conseguir lo necesario para comprar unos cerdos y así comenzar a criarlos, pero los osos estaba tan hambrientos por las malas condiciones del bosque, que se comían a los cerdos. Éstas eran las cosas que tenía sumergida a la familia en la más paupérrima de las pobrezas, y así vivió Abraham una buena cantidad de años; quizá era más pobre que los esclavos a quienes defendería años más tarde.

Pero las desgracias estaban por llegar a la familia, pues los campesinos y granjeros de aquella localidad estaban a merced de una terrible enfermedad llamada "enfermedad de la leche", la cual era mortal para los caballos, ovejas y vacas, y poblaciones enteras eran afectadas por ella; años más tarde, los investigadores médicos pudieron establecer que se debía a que los animales comían una hierba venenosa y por medio de la leche, en el caso de las vacas, era transmitida al ser humano, y hasta nuestros días, las autoridades del estado de Illinois siguen advirtiendo a los habitantes que no consuman la hierba serpentaria blanca, pues aún sigue cobrando victimas.

Y fue así como la enfermedad llegó a la localidad de los Lincoln, comenzando a cobrar sus primeras víctimas, entre ellas, la esposa de un cazador vecino de la familia, por lo que Nancy se ofreció a cuidarla; pero la señora murió y su bondadosa enfermera comenzó a sentirse muy mal. Víctima de mareos y fuertes dolores en el vientre, fue llevada a su casa y tendida en el suelo sobre su improvisado lecho. Su estado empeoró rápidamente, comenzó a vomitar frecuentemente mientras sus pies y manos estaban helados, pero sus entrañas estaban ardiendo; ella pedía desesperadamente agua, y lo hacía cada vez con más frecuencia y desesperación.

Tom era una persona sumamente supersticiosa, así que una noche, cuando todo estaba en calma, escuchó a un perro. Su aullido era largo y lastimero, y en ese momento el hombre abandonó toda esperanza de ver sana a su esposa. El estado de Nancy había empeorado a tal grado que ya no podía levantarse del lecho, ni siquiera su cabeza podía despegarse de la almohada y sus palabras eran breves suspiros; cuando sintió que por fin la vida la dejaría, llamó a su hijo Abraham y a su hermana. Cuando llegaron, tuvieron que inclinarse para poder escuchar las palabras de su madre, quien con dificultad les dijo: sean buenos hermanos, recuerden y vivan como les enseñé y sobre todo, adoren a Dios.

Esas fueron las últimas palabras de la pobre madre, ya que había entrado en la fase final de la enfermedad y la parálisis, cayendo en estado de coma del que ya no salió y murió al cumplirse la semana de su enfermedad, el 5 de octubre de 1818. Su marido colocó dos pequeñas monedas de cobre en sus ojos para que ya no se abrieran, preparó el cadáver y lo llevó a las profundidades del bosque, donde taló un árbol y lo hizo rústicas tablas que unió con trozos de madera para fabricar el ataúd de su esposa. En él colocó el cuerpo, lo arrastró en un trineo hasta la cumbre de una colina y ahí, sin más preámbulo ni ceremonia alguna, lo enterró.

De esta señora nunca se sabrá cómo era su apariencia o qué tipo de persona era, ya que nunca salía del bosque y los que la recordaban diferían mucho en sus descripciones, además de que en realidad, eran pocas las personas que la habían visto desde que llegó al bosque. Desde ese día, los niños Lincoln vivieron como cabras del monte, sin supervisión o educación alguna. Su padre se iba al bosque a cazar todo el día, mientras que Sara cocinaba y Abraham cuidaba el fuego y traía agua; en su casa, por decirle de alguna manera, no había cubiertos, por lo que a la hora de comer, solían hacerlo con los dedos, los cuales nunca estaban limpios, pues ya sin su madre, los pequeños no habían sido llevados por un camino correcto.

Había pasado un año desde que Nancy había muerto y la cabaña estaba en un estado sucio y deplorable, los niños no se habían bañado desde antes del invierno y sus ropas estaban ya muy sucias; el piso de la cabaña estaba infestado por cualquier cantidad de insectos, entre los que predominaban las pulgas. Estas condiciones eran infrahumanas y ni siquiera el propio Tom podía soportarlas, así que pensó en un plan brillante: se conseguiría una nueva esposa para que limpiara el desastre aquel.

El viejo Tom tenía la intención de proponerle matrimonio a la mujer que trece años antes lo había rechazado y se había casado con el carcelero de su pueblo, pero éste ya había pasado a mejor vida y la había dejado con tres hijos y muchas deudas, así que era el prospecto ideal, y estaba seguro que esta vez sí aceptaría. Así, pues, fue al arroyo y se acicaló para atraer a su nueva conquista, se puso una espada que había comprado en tiempos difíciles y atravesando la espesura del bosque, viajó hasta Kentucky, donde se encontraba su nueva pareja.

Cuando llegó a Elizabethtown, se dirigió a la tienda del pueblo y adquirió un nuevo par de tirantes. Se sentía como un gran hombre de mundo, y con las manos metidas en los bolsillos salió a la calle silbando. De esta manera comenzó su viaje a Kentucky.

2

La juventud de Abraham Lincoln

Su educación

Abraham Lincoln había llegado a la edad de quince años. Su educación era bastante reducida, apenas conocía el abecedario y leía con bastante dificultad; en pocas palabras, la escritura no estaba a su alcance, pero el verano de 1824 el destino comenzaría a mover sus hilos para ponerlo en el camino correcto: un pedagogo que vagaba por Pigeon Creek vio las necesidades educativas de la región y decidió fundar una escuela. Estas eran magníficas noticias para los hermanos Lincoln, desde ese día caminarían seis kilómetros a través de los bosques hasta llegar a la escuela del maestro Azel Dorsey.

El sistema de educación impartido en la nueva escuela era muy distinto al que conocemos hoy, ya que en ese entonces se usaba que los niños repitieran en voz alta todo lo que el maestro les enseñaba, así él podía evaluar el desempeño y entusiasmo de sus alumnos; pero si alguno de ellos se mantenía en silencio, una vara solía darle una especial motivación en el hombro para que reanudara con más entusiasmo sus estudios. Abraham solía asistir a la escuela vestido con unos pantalones de piel de ciervo y una gorra del mismo material.

La escuela era una pequeña cabaña donde el maestro

tenía que caminar encorvado, pues la altura del techo no le permitía caminar erguido; no tenía ventanas y los asientos eran sólo unos troncos partidos por la mitad. La Biblia fue su primera asignatura en la clase de lectura, y para mejorar su caligrafía le fueron dados los ejemplos de la escritura de Jefferson y Washington, a los cuales siempre se asemejó la suya. La nueva habilidad de Lincoln comenzó a conocerse por los alrededores y la gente llegaba frecuentemente a su casa para pedirle que les escribiera sus cartas.

El estudio estaba resultando ser un gran placer para Abraham. El tiempo en la escuela se le hacía muy poco y llevaba más tarea a casa de la que le dejaba el maestro. Las dificultades económicas eran muchas, pero esto no le robaba la ilusión al jovencito. Como el papel era demasiado caro y estaba fuera de sus posibilidades, solía tomar una tabla y con un trozo de carbón escribía en ella, incluso llegó a escribir sobre las paredes de tronco de su cabaña, las cuales desbastaba cuando se llenaban de letras y cálculos matemáticos.

La lectura y escritura le habían abierto las puertas a un mundo que por años le había permanecido oculto, ahora podía escribir sus pensamientos, y lo comunicaba en clase; la poesía y los versos le encantaban y comenzó a utilizarlos para comunicar sus sentimientos y dudas. Una vez que terminaba algún escrito, corría hasta la casa de un vecino de nombre William Wood, quien leía con atención y criticaba con mesura al joven Lincoln. El novel poeta solía aprender de memoria sus pequeñas obras y las recitaba. Su elaboración tenía tanta brillantez que comenzaron a ser comentadas entre los pueblerinos, hasta que un abogado que había escuchado uno de sus ensayos sobre la política de su país, se impresionó tanto que se encargó de que fuera publicado en un periódico de Ohio.

Pero eso fue lo más relevante durante sus años de escuela, ya que cinco años después solía acudir a otra escuela cuando quería o tenía tiempo, por lo que sólo asistía esporádicamente. En una ocasión, ya en el Congreso de los Estados Unidos de Norteamérica, se dice que al llenar un formulario autobiográfico, en la línea que decía "educación", Lincoln escribió "defectuosa". Él mismo, en un discurso que ofreció cuando fue elegido a la candidatura por la presidencia, dijo que al alcanzar la mayoría de edad, no sabía mucho, que leía y escribía como podía, y que nunca había regresado a la escuela, pero que todo su conocimiento lo había logrado esporádicamente bajo el apuro de la necesidad.

Durante su juventud, la llegada de su madrastra le había significado un hecho venturoso, ya que con ella traía varios libros, entre ellos se encontraban: la Biblia, "Robinson Crusoe", "Sinbad, el marino" y "Las Fábulas de Esopo". Pero estos libros no le bastaban, tenía sed de conocimiento, pero podemos afirmar que la Biblia y "Las Fábulas de Esopo" marcaron de por vida su manera de hablar y de escribir. La situación económica de su familia no había cambiado desde su niñez, así que el dinero era algo que no veía muy seguido, por lo que no podía comprar libros, así que comenzó a pedirlos prestados, uno de los primeros que logró que le prestaran fue un ejemplar de "Las Leyes Corregidas del Estado de Indiana", y fue en él que leyó por primera vez la constitución política de su país.

Pero los libros no siempre se los prestaban con desinterés; otras veces tenía que realizar duros trabajos para lograr que algún vecino le soltara libros, como era el caso de uno que le prestó varias biografías a cambio de que desenterrara un tocón de gran tamaño, uno de estos libros fue la biografía de George Washington, la cual leía con gran pasión, incluso hasta de noche. Al irse a dormir, colocaba el ejemplar en una de las rendijas de las paredes de su cabaña, hasta que una noche la lluvia cayó sobre la región, y él estaba tan cansado que no la sintió y el libro se echó a perder; su vecino no le perdonó el descuido y lo hizo trabajar durante tres días para pagarle el libro.

Pero sus incursiones en las casas de los vecinos en busca de libros le rindieron frutos al localizar un ejemplar de "Las Lecciones de Scott", en el que se podían encontrar lecciones de oratoria, así como los discursos de grandes personajes como Cicerón, Demóstenes e incluso de una de las obras maestras de William Shakespeare: "Hamlet". Solía caminar por el campo, y mientras trabajaba leía aquel maravilloso tesoro; pero su interés fue tomando el camino que en el futuro forjaría su destino, ya que cuando había actividad en las Cortes de los poblados vecinos, Abraham caminaba más de veinticinco kilómetros para escuchar a los abogados pronunciar sus alegatos.

La lectura empezó a volverse la parte medular de su existencia, incluso le ocasionaba problemas con aquellos campesinos que lo contrataban, pues decían que era un joven extremadamente flojo, e incluso él lo reconocía, pues solía decir que su padre le había enseñado a trabajar, pero no le había enseñado a amar el trabajo. Abraham solía leer sus libros a sus compañeros de jornada y esto también le había acarreado problemas, pues no faltaba quien por envidia fuera con el patrón a decirle lo que estaba pasando y exagerando un poco hacía parecer al joven lector como un criminal en ciernes, esperando el momento justo para robarle toda su cosecha, aprovechando que podía dominar a los demás con sus lecturas.

La situación estaba llegando a su límite con su padre, quien le advirtió que dejara de andar payaseando y se dedicara a trabajar, pero Abraham no le hizo caso y un día, en presencia de todos los trabajadores, el padre golpeó al hijo. Esto marcaría un distanciamiento entre ambos del cual no habría reconciliación, incluso años más tarde cuando Tom estaba en el lecho de muerte, su hijo estuvo al pendiente de los gastos que generaba, pero nunca lo visitó. Pensaba que el encuentro sería muy penoso, y que no le produciría alegría a ninguno de los dos.

Pero los Lincoln cambiarían de residencia debido a que

la "enfermedad de la leche" había regresado. Aquella enfermedad que se llevó a Nancy estaba azotando la región nuevamente, por lo que Tom vendió sus cerdos y echando sus pertenencias en una carreta, llevó a su familia a Illinois; los animales jalaron la carreta por más de dos semanas por empinadas colinas y desérticos valles, hasta que por fin llegaron al poblado de Vincennes, donde Abraham vio por primera vez una prensa a la edad de veintiún años.

Siguieron su viaje hasta el poblado de Decatur, donde los viajeros solían acampar en la cuadra de la Corte, pero para ese momento Abraham todavía no sabía que quería ser abogado. Sin embargo, el viaje seguiría al mismo tiempo que en el Congreso de los Estados Unidos de Norteamérica se debatía un problema acerca de si un estado debía o no retirarse de la Unión, problema que sería arreglado años más tarde por el mismo Abraham Lincoln.

Su nueva residencia

Los Lincoln habían viajado desde Indiana, atravesando las tierras más inhóspitas que los bueyes pudieran soportar; pero al fin el viaje había llegado a buen término, finalmente se establecerían cerca de Decatur, en tierras muy cercanas al río Sangamon. Abraham cooperó en todos los trabajos para edificar su nueva morada; ésta no sería un putrefacto cobertizo, ahora tendría piso, además de que el trabajo del campo era necesario para lograr que la tierra produjera por lo menos para sobrevivir; la nueva finca fue cercada con estacas que él mismo partió de los árboles que había talado.

El invierno llegó, pero no era un invierno normal en esas tierras, se trataba del invierno más fuerte que había conocido ese estado. Los animales se congelaban, las vacas, los pavos y siervos fallecían a causa de las bajas temperaturas. Fue durante ese invierno que Abraham logró intercambiar un par de pantalones por la labor de partir mil estacas, para lo cual tenía que viajar más de cinco kilómetros, pero una vez, cuando navegaba por el río en su canoa, ésta se volteó y él quedo empapado, así que tuvo que comenzar a caminar para llegar a la cabaña más cercana, que era del comandante Warwick. En el trayecto sus pies se congelaron y no pudo caminar en un mes, mismo tiempo que pasó cerca del fuego de la chimenea, y fue ante ese mismo fuego, que el amor encendió el suyo pues había conocido a la chica más hermosa de la región: la hija del comandante Warwick.

El comandante se dio cuenta del galanteo de aquel joven desarrapado y sin porvenir, y no iba a permitir que su hija se fijara en él, así que lo corrió de su casa y le prohibió regresar. Pero esto no se quedaría así, pues Abraham no quería ser como su padre, no quería poseer una tierra y trabajarla de sol a sol. De hecho, estaba harto de esa vida, pues a él le gustaban las aventuras y leer sus historias a los demás. En una ocasión, mientras vivía en Indiana, ayudó a conducir una barcaza de fondo plano, lo cual le resultaba muy divertido, pero una noche, mientras se encontraban encallados en una plantación de una mujer importante, una banda de asaltantes negros subió a la pequeña embarcación con la intención de matar a la tripulación y deshacerse de los cuerpos en el río. Sin embargo, Abraham no estaba dispuesto a permitirlo, así que peleó y logro tirar a tres de ellos al río, y a los demás los había hecho huir a la playa, pero antes, uno de ellos le dejó un recuerdo: con su cuchillo le asestó un tajo en la frente, lo que le produciría una cicatriz que le duraría toda la vida.

Mas esto no le importó gran cosa y el viaje por el río había resultado sumamente excitante para el joven, así que con ayuda de su hermanastro y su primo, se dedicaron a talar árboles y construyeron una embarcación igual a la que había defendido: tenía 25 metros de largo y lograron ponerla a flote. Su primera carga fueron tocino, maíz y cerdos. Lincoln solía timonear la embarcación, al mismo tiempo que cocinaba y contaba historias para la tripulación. Su forma de ser le ganó la amistad y simpatía de Denton Offut, quien lo contrató para ir a Nueva Orleáns. Una vez terminado el viaje, lo contrató para que construyera un almacén de troncos en Nueva Salem, y en ese pequeño poblado solía trabajar como escribiente, además de dirigir un molino y un aserradero. Esto duró poco más de seis años.

En aquel lugar conoció a unos muchachos alborotadores conocidos como "Los muchachos del bosquecillo Clary", que eran un verdadero desastre, ya que solían beber más de la cuenta, pelear como diversión, y se ufanaban de ser los que golpeaban mejor y más fuerte de toda la región. Pero esto no significaba que fueran malas personas, en realidad sólo eran juguetones y traviesos, y por tal motivo, cuando se enteraron de las aventuras y hazañas físicas de Abraham, se dispusieron a probarlo.

Se trasladaron hasta el almacén y retaron a aquel joven delgado y desgarbado, pero las primeras pruebas fueron fáciles para Abraham, quien los superó con una amplia ventaja; sin embargo eso no fue todo, también lo retaron a lanzar una bala de cañón lo más lejos que pudiera, prueba que también ganó. No obstante, su carrera laboral terminaría el día en que peleó contra el líder de aquella pandilla de bravucones, ante un nutrido grupo de personas que se reunió para ver la pelea. El líder del grupo se apellidaba Armstrong y era un tipo corpulento y muy fuerte, pero Abraham era ágil y tenía los brazos más largos, así que sus golpes llegaban más rápido que los de su oponente, quien fue derrotado después de una dura pelea. Desde ese momento, la pandilla le entregó su amistad, e incluso lo nombraron juez en sus competencias.

Aquella amistad le permitía la posibilidad de probarse a sí mismo hablando ante grandes auditorios, ya que podía quedarse en el pueblo y cuando no tenía trabajo, los chicos le daban alojamiento y comida. Además en el pueblo había una sociedad literaria que sesionaba todos los sábados por la tarde en el comedor de una taberna. Lincoln se incorporó a ella sin demora, ahí solía leer sus ensayos y cuentos diversos. Aparte de poder entablar pláticas de un nivel intelectual que le estimulaba, había encontrado la manera de abrir su mente a los temas que había añorado por largo tiempo. Durante esos días descubrió que tenía el don de provocar una gran influencia en los demás con sus discursos, lo que aumentó su autoestima y su seguridad.

El almacén donde trabajaba se fue a la quiebra y se vio de nueva cuenta sin empleo, pero el destino volvería a entrometerse en su historia ya que las elecciones se acercaban y el clima político en la localidad se estaba poniendo bastante alegre. Así pues Abraham se propuso probar suerte y con la ayuda del maestro del pueblo, un hombre de apellido Graham, comenzó a escribir su primer discurso público en el cual se proponía a sí mismo como candidato a la legislatura, alegando ser promotor de las mejoras para la gente poniendo muy en claro que no era nadie y no venía de una familia pudiente, y que si la gente consideraba dejarlo fuera de la contienda, él seguiría su vida pues estaba familiarizado con las derrotas.

En esos días, llegó un jinete al pueblo con la terrible noticia de que el gran jefe Halcón Negro estaba atacando y quemando casas, asesinando a hombres y mujeres por igual; el gobernador pidió voluntarios, y Lincoln, quien no tenía empleo, decidió ir por treinta días. Años más tarde declararía que nunca vio un indio, pero que había sostenido muchos combates a muerte con los mosquitos. Durante esta breve campaña fue nombrado "Capitán", por lo que a su regreso tenía un rango y volvió a ocuparse de su campaña política. Esta vez iría de casa en casa, conociendo y saludando a los habitantes de Nueva Salem. Pero todo este esfuerzo no le alcanzó para lograr el cargo público que deseaba, pues al llegar las elecciones fue derrotado, aunque el margen era muy reducido: había perdido por 4 votos.

Esta derrota no lo desanimó y dos años después volvió a intentarlo y con éxito. Su desempeño fue tan bueno que fue reelegido en tres ocasiones: 1836, 1838 y 1840. En esos años, Lincoln conoció a un hombre cuyo oficio era vivir. Se llamaba Jack Kelso y no tenía un trabajo fijo: pescar era su única ocupación. El resto del pueblo lo consideraba un paria, pero el futuro presidente de los Estados Unidos de Norteamérica le tomó mucho afecto, pues a su lado había descubierto que las obras de Shakespeare no eran más que un montón de palabras rebuscadas. Sin embargo, otro autor lo admiraba aún más se trataba de Robert Burns, un poeta que al igual que el dramaturgo inglés, no había asistido a la educación secundaria, lo cual motivó un gran júbilo en el alma de Abraham. Él tampoco lo había hecho, no obstante, sus dos ejemplos habían logrado grandes cosas, entonces, ¿él por qué no habría de hacer lo mismo?

El amor volvió a rondar por la vida de aquel joven solitario. Ahora se trataba de la hija de uno de los fundadores del pueblo y tabernero, James Ruthledge, cuya hija tenía sólo diecinueve años y se llamaba Ann. Además, la señorita en cuestión estaba comprometida en matrimonio con el hombre más rico del pueblo, pero esto no le importó a Abraham y se enamoró perdidamente de ella. Para que el matrimonio entre Ann y John McNeil se realizara, había sido pactado con la condición de que la señorita hubiera cursado por lo menos dos años de la educación secundaria.

Pero las sorpresas apenas comenzaban, McNeil vendió su almacén y se marchó a Nueva York para traer a sus padres a Illinois, pero antes de partir, le hizo una confesión a su prometida, la cual creía ciegamente en todo lo que él decía. Pocos días después el comerciante dejó Nueva Salem. Para ese tiempo, Abraham trabajaba como jefe de la oficina de correos; la correspondencia era muy escasa debido al costo del franqueo, así que el noble Lincoln colocaba las cartas en su sombrero y así viajaba por todos lados. Cuando alguien le preguntaba si tenía carta, se lo quitaba y buscaba la misiva en su interior. Ann solía visitar la oficina de dos a tres veces por semana para averiguar si tenía carta de su amado, pero la primera llegó después de tres meses.

En esa carta, McNeil le explicaba que no había podido escribir antes debido a que había caído enfermo víctima de la fiebre del azúcar y había tenido que permanecer en cama cerca de tres semanas casi inconsciente. Pero es muy probable que esto fuera sólo una mentira, ya que la segunda carta volvió a tardar tres meses en llegar y en ella el panorama era muy oscuro: le informaba que su padre estaba muy grave y que los acreedores lo estaban asediando, por lo que la fecha de su regreso no estaba próxima. Después de esta carta, pasaron meses sin recibir una nueva, y Ann visitaba frecuentemente la oficina de correos, ahora tenía serias dudas sobre la sinceridad del amor de su prometido.

Pero Ann había decidido contar a sus padres la confesión de McNeil, cuyo verdadero nombre no era ése sino McNamar, y dijo ser hijo de un comerciante de Nueva York que se había ido a la quiebra, por lo que él se había marchado al Oeste para hacer fortuna, cambiando su nombre para evitar que lo encontraran y tuviera que mantenerlos. Pero quizá esa no era la verdad, quizá era un asesino o un bandido; tal vez, el que se hubiera alejado era lo mejor que le pudo pasar a la enamorada mujer, y esto sin duda alguna beneficiaba los planes de Abraham, ya que la tenía a su alcance: de nuevo era soltera y sin compromiso.

El amor y la ley

La relación entre Abraham y Ann iba viento en popa. Ella ocupaba toda su mente; no podía estudiar ni concentrarse en nada, solía acostarse y pasar toda la noche pensando en su amada. En esos tiempos se acostumbraban las reuniones para tejer y Abraham se encargaba de llevarla y regresarla a su casa. Ambos solían pasar mucho tiempo juntos, paseaban por el río y los bosques, hacían una bonita pareja, y estaban muy enamorados el uno del otro

Abraham inició una sociedad con un hombre de apellido Berry, quien tenía el gran defecto de gustarle demasiado la bebida. Esto era una complicación más a la precaria situación económica del pueblo ya que los almacenes estaban a punto de quebrar, pero los socios parecían no apreciar la mala situación que les acechaba, y compraban todo lo que los demás almacenes iban dejando tras su caída. Durante este anormal impulso de comprar, un comerciante llegó en una carreta jalada por una viejas y cansadas mulas. A Lincoln le dieron lástima aquellos cansados animales y aceptó comprar al viejo su cargamento, que consistía en trastes domésticos, los cuales en verdad no necesitaba pero no podía dejar que los animales siguieran su camino con tanto peso a cuestas.

Pasarían dos semanas para que Abraham pudiera revisar el contenido de aquella carga, así que comenzó a acomodar los trastos, y casi al terminar, el destino tenía preparada otra señal para aquel alocado comerciante, pues encontraría los cuatro tomos en muy buen estado de "Comentarios sobre el Derecho" de Blackstone. Allí mismo, maravillado por su hallazgo, se sentó y comenzó a devorar aquellas páginas. La actividad del almacén, que por cierto era mínima, le permitía dedicar mucho tiempo a la lectura y estudio de su nueva adquisición; mientras más se adentraba en el tema, más le apasionaba, y no se detuvo hasta que terminó con los cuatro libros.

Fue al finalizar su lectura que tomó una decisión que cambiaría su vida y la de millones de personas: decidió que sería abogado. Su Ann llegaría a estar orgullosa de él, así que cuando le comunicó su decisión, ambos estuvieron de acuerdo en contraer nupcias en cuanto él terminara sus estudios y lograra establecerse, pero antes debía prepararse, por lo que le pidió a un amigo suyo, que era abogado, que le prestara más libros y cuando los tuvo en sus manos comenzó a estudiarlos con un fervor casi fanático: leía todo el tiempo, incluso en la noche con la ayuda de alguna candela.

Pero la educación de Abraham era muy reducida, por lo que fue a ver al maestro Graham y éste le aconsejó que aprendiera gramática, así que consiguió prestado un libro y se consagró al estudio de dicha materia con el conocimiento de que sin ella no podría realizar su sueño de ser abogado; incluso su maestro y amigo se maravillaba de la sed de conocimiento que tenía aquel motivado hombre. Una vez que terminó su aprendizaje de gramática, Lincoln comenzó a devorar, como él lo hacía, libros de historia romana, de historia militar de su país y algunos de filosofía, pero tanto tiempo dedicado al estudio terminó por afectar al almacén ya que su socio, quien se la pasaba bebiendo whisky, tampoco ponía atención en el negocio, y lógicamente se fue a la quiebra.

Ahora no tenía un centavo, y debía ganarse la vida de alguna manera, así pues volvió a hacer cualquier clase de trabajos que le propusieran, desde limpiar establos hasta cortar la hierba, incluso trabajó en un aserradero y en una herrería; pero todas estas calamidades no le hicieron perder de vista su objetivo y siguió estudiando. Ahora se encontraba en los laberintos de la trigonometría y las matemáticas, y con estos conocimientos comenzó a desarrollarse como topógrafo, por lo que compró un caballo a crédito y se armó de una brújula, y fue contratado para medir terrenos en la ciudad por la módica cantidad de treinta y seis centavos cada uno.

Mientras tanto, la familia de su novia también estaba pasando tiempos difíciles. La taberna acababa de irse a la quiebra y Ann había tenido que trabajar como sirvienta en la cocina de un pequeño rancho. Abraham consiguió trabajo cultivando maíz en el mismo lugar, y por las noches se quedaba en la cocina terminando el trabajo de su amada, estaba feliz de aquella cercanía, pero no sería por mucho tiempo, ya que Ann cayó enferma. La joven sentía grandes dolores pero trataba de ignorarlos, pero un día simplemente no pudo más, tan sólo no tenía fuerzas para levantarse de la cama, y ese mismo día se presentó la fiebre.

Su hermano salió rápidamente a Nueva Salem por el médico. Cuando llegó y logró auscultar a la paciente, determinó que era tifoidea, y su cuerpo estaba ardiendo por lo que ella pedía agua, pero el doctor, quien no sabía lo que se sabe actualmente, se la negó. La agonía duró poco más de seis semanas, hasta que una mañana, Ann ya no podía ni moverse, no tenía fuerzas para nada. El doctor le recetó reposo absoluto y le prohibió las visitas, así que Abraham no pudo verla esa noche, pero a la mañana siguiente, la joven deliraba y lo llamaba con desesperación, así que lo mandaron llamar. Cuando llegó, la familia decidió que debían estar solos. Esa sería la última vez que lo harían, pues a la mañana siguiente, Ann se desmayó y nunca más despertó: había muerto.

Esto causó un duro golpe para Abraham. Las semanas pasaban y ni siquiera quería comer, mucho menos dormir, tan sólo pensaba en ella y recordaba los hermosos paseos a las orillas del río. Su estado mental se había debilitado gravemente y amenazaba con suicidarse; sus amigos lo vigilaban para evitar que se lanzara al río y además le quitaron su navaja; se había vuelto retraído, no quería hablar con nadie, cuando se topaba con algún conocido, simplemente lo ignoraba y seguía su camino, el cual se dirigía invariablemente hacía el cementerio donde habían sepultado a su amada, donde pasaba largas horas sentado al lado de la tumba de Ann, hasta que sus amigos se preocupaban y lo traían de regreso.

Su depresión llegó a extremos alarmantes. Cierta vez lo encontraron vagando errante por las orillas del río y pronunciando frases incoherentes, por lo que lo llevaron con el médico y éste diagnosticó que debía dársele algún tipo de terapia ocupacional. Así, pues, un amigo suyo de nombre Bowling Greene, lo llevó a su casa y lo cuidó como si fuera su hijo, incluso su esposa colaboró con la recuperación del destrozado joven; lo hacía realizar arduas labores en el campo y sostenerle el tejido mientras ella hilaba, pero nada de esto funcionaba. Tiempo después le diría a un amigo suyo que a veces se sentía tan triste que temía llevar su navaja en el bolsillo.

Los meses pasaron y se volvieron año, pero Abraham nunca se recuperó de haber perdido al amor de su vida. Durante los años siguientes hasta el día de su muerte, Lincoln siempre fue un hombre triste y taciturno. Lo único que menguaba un poco su dolor eran los poemas que hablaban de amores perdidos. El cuerpo de Ann permaneció en aquel solitario camposanto hasta que en el año de 1890, un inescrupuloso empresario inauguró un nuevo cementerio a sólo seis kilómetros del pueblo, y para atraer clientes, se robó el cuerpo de la amada de Lincoln para enterrarla en su nuevo negocio. Al abrir la fosa, sólo encontró, según cuentan las historias, cuatro botones del vestido de Ann, mismos que se llevó y enterró en su cementerio.

Se cree que durante las largas horas que Abraham pasó junto a la tumba, posiblemente la abrió y se llevó los restos mortales de su novia para enterrarlos en otro lugar, quizá el preferido de ella, aunque no se sabe con certeza dónde fue. Dos años después de la muerte de su novia, Abraham decidió que no podía quedarse en aquel lugar tan lleno de recuerdos y echando sus pocas pertenencias en una pequeña maleta, abandonó Nueva Salem. Había llegado la hora de volver a vivir, el dolor no había desaparecido, pero ahora era más tolerable, además de que estaba seguro que eso era lo que Ann hubiera querido.

3

Un nuevo comienzo

Adiós a Nueva Salem

Una maleta con algunos libros, camisas viejas y algo de ropa interior fue todo lo que se llevó, porque además tenía en su poder todo el dinero del franqueo de cuando desapareció la oficina de correos, sin embargo esperó a que llegara el auditor y se lo entregó; éste le dio su finiquito y saldaron las cuentas; aquel hombre resaltó la honestidad de Lincoln. Pero el dinero que tenía apenas le había alcanzado para llegar a la ciudad de Springfield, y ése no era el único problema, ya que con la quiebra del almacén había quedado a deber la cantidad de mil cien dólares, lo cual en ese entonces era mucho dinero. La deuda podía ser repartida en dos, ya que tenía a su socio Berry, pero éste murió de una congestión alcohólica, así que Abraham asumió el total de la deuda y estaba resuelto a pagar hasta el último centavo.

Antes de partir fue a negociar con todos sus acreedores, diciéndoles que les iba a pagar pero que necesitaba tiempo. Todos accedieron menos uno, un hombre llamado Peter Bergen, quien levantó un juicio el cual ganó y obligó a que el caballo de Lincoln fuera rematado además de sus instrumentos de topografía. Los demás acreedores no eran tan ambiciosos, y conociendo el carácter noble y honrado de

Abraham lo esperaron: pasarían poco más de catorce años para que lograra finiquitar las deudas. En 1848, ya era legislador y mandaba una parte de su sueldo para terminar con las deudas, lo cual nos habla de la maravillosa y hasta increíble rectitud del hombre que sería el presidente de Estados Unidos de Norteamérica.

Pero retomemos la historia cuando arribó al pueblo de Springfield. Llegó hasta el taller del carpintero y le encargó la fabricación de la base de una cama; salió de allí y se dirigió al almacén de Joshua F. Speed, donde pidió un presupuesto para ropa de cama, el cual sumó diecisiete dólares. Lincoln dijo que aunque era barato, no podía pagar, pero si le daban crédito con gusto lo haría. Según palabras del propio Speed, aquel joven sonaba tan triste y sincero que accedió, por lo que también le dijo que tenía una cama doble donde dormía, y que si gustaba la podía compartir con él por el tiempo que quisiera Lincoln sólo respondió ¿dónde está la habitación? Y desde entonces aquellos hombres vivirían juntos por cinco años y medio.

Otro "ángel" apareció en la vida de Lincoln en ese tiempo. Se trataba de William Butler, quien ocasionalmente le daba alojamiento y comida, además de comprarle mucha ropa Lincoln siempre agradeció la ayuda de estos hombres pues sin ellos nunca hubiera podido llegar a convertirse en abogado. Una vez establecido, se asoció con un abogado de apellido Stuart, quien dedicaba la mayor parte del tiempo a sus actividades políticas, dejando a Lincoln en la oficina a cargo del trabajo de rutina. La oficina era más bien escueta y los únicos muebles con los que contaba eran una pequeña cama, una silla, un banco y un librero con varios libros de derecho.

Los primeros seis meses fueron caóticos para las finanzas de los socios, ya que tan sólo habían atendido cinco casos de los que uno de ellos pagó con un abrigo. En general, el primer año en Springfield había sido bastante difícil para Abraham porque se sentía realmente solo, sin embargo, esto estaba a punto de cambiar ya que una mujer de nombre Mary Todd había puesto su atención en él y había decidido desposarlo. Esta mujer pertenecía a una familia que presumía de un gran linaje que databa desde el siglo VI; sus antepasados habían sido gobernadores y generales, así que además de tener un carácter presuntuoso y arrogante, tenía la firme convicción de que era superior a las demás mujeres, incluso decía que algún día se casaría con un hombre que llegaría a ser presidente de los Estados Unidos de Norteamérica.

Había llegado a Springfield después de haber peleado con su madre y en un arrebato abandonó a su familia para irse a vivir con su hermana casada que residía en el mismo pueblo que Lincoln. Aquella población era un deprimente pueblo fronterizo, donde se podía ver a los animales vagando libremente por las calles, debiendo tener mucho cuidado al caminar y no pisar el excremento que iban dejando, además del terrible hedor que esto producía. Así, pues, la temperamental Mary tendría que aprender a vivir sin el estilo al que estaba acostumbrada. La población era de mil quinientas personas y todas ellas, por lo menos las que estaban en posición de votar, eran el centro de atención de dos hombres: Stephen A. Douglas, que representaba a los demócratas y Abraham Lincoln, que representaba a los republicanos.

Pero estos hombres habrían de competir por algo más que un cargo público, pues ambos aspiraban al amor de Mary, y se dice que ambos le pidieron matrimonio; mas la balanza se inclinaba sin duda a favor de Douglas, quien a sus veintiséis años ya era secretario de Estado, llamándole "el pequeño gigante", mientras que Abraham era un simple abogado tratando de establecerse, y que para empeorar las cosas vivía con su amigo Speed arriba del almacén de éste; así que todo indicaba que el elegido sería el joven secretario.

Sin embargo, el galanteo no llegaría a nada serio debido a la manera de comportarse de Douglas, pues en una fiesta se embriagó y subió a una mesa a bailar vals, derribando a patadas todo lo que había sobre ella. Esto molestó visiblemente a Mary, quien, además, era una celosa incorregible, por lo que Douglas, que tenía un irresistible encanto con las mujeres, tenía incontables disgustos con ella. Pero Mary no se quedaría con los brazos cruzados, proponiéndose provocar los celos de su ex novio con su peor enemigo, Abraham Lincoln; mas esto no funcionó pues el joven político no respondió, así que la astuta mujer se decidió a atrapar a Lincoln.

En el mes de julio llegó a Springfield un gran contingente del partido republicano. Los asistentes habían viajado de todos los pueblos vecinos, algunos de ellos a más de cien kilómetros y estaban armando un gran alboroto en la pequeña localidad, lo que molestaba enormemente a los demócratas, quienes comenzaron a atacar a William Henry Harrison, además de que acusaban al partido contrario de pedir su apoyo a los más humildes en tanto ellos se vestían lujosamente y disfrutaban de los placeres de la vida. A estas acusaciones Abraham respondió con su voz grave y honesta:

"Cuando llegué a este estado, yo era un hombre humilde, sin amigos ni educación; mi primer trabajo fue en una barca de fondo plano con un salario de ocho dólares al mes; mis únicas ropas eran una vieja camisa y unos pantalones de ante, y como ustedes saben, cuando el ante se moja se encoge, así que mis pantalones siguieron encogiendo más y más, hasta que dejaron mi piel marcada con una franja azul, además de que se podía ver una gran parte de mi pantorrilla entre el final del pantalón y mis medias; si esto es vestir elegantemente, entonces, señoras y caballeros, me declaro culpable".

Los asistentes al evento gritaron eufóricos. El discurso de Abraham había surtido efecto, la aceptación del público en general era unánime, y la alegría de Mary sobrepasaba todos los límites: se acercó a su novio y le dijo cuán orgullosa estaba de él, además de asegurarle que llegaría a ser presidente de los Estados Unidos de Norteamérica. Abraham Lincoln se sintió conmovido por la actitud de Mary y le propuso matrimonio. Ella aceptó y fijaron la fecha para el 1 de enero de 1841, tan sólo medio año después, pero todavía faltaba algo de tiempo y muchos eventos habrían de suceder.

Mary Todd

La forma de ser y apariencia de Abraham Lincoln no le gustaban a su prometida, por lo que se propuso cambiar su imagen totalmente, ya que la que tenía de su padre, un hombre aristócrata, educado y elegante, chocaba fuertemente con la de su prometido. Aquel hombre desparpajado, que nunca usaba un saco y sus pantalones eran sostenidos a menudo por un solo tirante ocasionaba fuertes reclamos de su parte, pero nunca tuvo ella la delicadeza o el tacto necesario para decírselo, provocando el enojo y fastidio de Abraham, quien comenzó a rehuirle. Dejó de verla con tanta frecuencia para sólo visitarla cada diez días y ella le escribía cartas donde le reclamaba su ausencia, pero a Lincoln sólo le provocaba incomodidad ese tema.

Por esos días llegó al pueblo la prima de Ninian Q. Edwards, cuñado de Mary. Su nombre era Mathilde Edwards, una mujer sumamente bella y agradable, por lo que inmediatamente llamó la atención de Abraham cuando iba a visitar a su prometida. Mathilde no era como Mary, no tenía ese refinamiento que tanto hostigaba a Lincoln, y eso le agradaba, al grado que cuando estaba con su prometida y Mathilde entraba en la habitación, prácticamente se olvidaba de Mary y contemplaba absorto a la intrusa. Sin embargo su prometida no era tonta y se estaba dando cuenta de lo que estaba pasando: Abraham se estaba enamorando de Mathilde.

Esto trajo nuevas desavenencias en el insipiente romance, convertido ahora en una relación amarga y sin ilusión, lo que estaba frustrando gravemente a Abraham. Por fin se había dado cuenta que un matrimonio con ella sería un verdadero desastre, así que debía romper el compromiso, pero sus futuros cuñados lo habían notado también y estaban pensando exactamente lo mismo. Lincoln pasó semanas pensando cómo hacer más fácil el rompimiento; por el otro lado, los cuñados de Mary estaban tratando de convencerla para que desistiera de casarse con Abraham; mientras tanto, él había escrito una carta que le mostró a su amigo Speed en la que daba por terminada la relación, pero su amigo la tiró al fuego diciéndole que una carta era un monumento que resistiría el paso del tiempo y que siempre estaría ahí para enfrentarnos, en cambio a las palabras se las lleva el viento y se olvidan con el paso del tiempo.

Speed aconsejó a su amigo que fuera y le dijera a Mary la verdad y que actuara como un hombre; así que Abraham se sintió con el valor necesario y salió del almacén decidido a enfrentar a su prometida, mientras Speed lo esperó en el almacén hasta pasadas las diez de la noche. Cuando por fin llegó, venía de buen talante y su amigo supuso que no había terminado con Mary, pero cuando lo cuestionó, Lincoln le dijo que le había dicho a su prometida que no la amaba, y que ella se había estremecido de tal manera que sintió la necesidad de abrazarla y la besó. Speed lo regañó diciéndole que lo que había hecho era una tontería, pues no sólo no había terminado con el compromiso, sino que lo había renovado y que ahora no había una salida digna de aquel embrollo, Lincoln le respondió: "Lo que vaya a ser, que sea..."

Los preparativos seguían su curso, el vestido de novia seguía en elaboración y la casa de los cuñados de Mary había sido repintada, pero el ánimo de Lincoln estaba decayendo seriamente. Padecía de insomnio, no comía y había dejado de asistir a las sesiones de la legislatura, pero lo más grave era su salud mental, estaba cayendo de nueva cuenta en una severa depresión y su carácter se había tornado irritable e iracundo. Estaba conciente de que había decidido contraer matrimonio con la señorita Todd, pero todo su ser se rebelaba contra esto, sólo buscaba una manera de poder escapar de la boda.

Sin embargo, no hay plazo que no se cumpla y el día llegó. Era un día soleado y hermoso, la casa de los Edwards estaba perfectamente arreglada y en silencio; todo estaba listo para recibir a los invitados que comenzaron a llegar a las seis y media de la mañana. Quince minutos después llegó el sacerdote con todo lo necesario para llevar a cabo la ceremonia, así que llegada la hora sólo faltaba de presentarse Lincoln, pero pasaba el tiempo y éste no aparecía, hasta que comenzaron a retirarse todos los invitados. Abraham no apareció nunca y cuando el último de los invitados se marchó, Mary corrió a su habitación y se tiró en su cama a llorar desconsoladamente.

El colapso nervioso

La ausencia de Lincoln a su boda preocupó a todos los hombres del pueblo, pues nadie podía creer que no hubiera aparecido, así que se lanzaron a las calles y lugares favoritos de éste a buscarlo, pero nadie lo encontró hasta que se les ocurrió buscar en su oficina. Ahí fue donde lo encontraron, sentado en su escritorio y hablando incoherencias. Creyeron que se había vuelto loco pues sólo hablaba de quitarse la vida, así que mandaron traer al médico y éste diagnosticó depresión aguda. Por lo pronto, sus amigos debían cuidarlo y le quitaron, como en la ocasión anterior que cayó en este estado, su navaja. El doctor le ordenó seguir con sus actividades, pero lo hacía de vez en cuando y por muy breve tiempo.

Tres semanas después de su fallida boda, la Legislatura por fin fue notificada que Lincoln estaba enfermo, y la verdad no era nada distinta, ya que su salud mental estaba en serio peligro. Ahora pensaba en la muerte con demasiada naturalidad, de hecho la ansiaba. Esto preocupaba mucho a Speed, quien optó por llevar a su amigo a casa de su madre en un lugar cerca de Louiseville, donde fue hospedado en una tranquila habitación que tenía vista a un arroyo y un panorama sumamente tranquilizante, y todas las mañanas un esclavo le llevaba el café a la cama. Mary se apenó por la situación de Abraham, así que le escribió una carta donde lo liberaba del compromiso, pero le daba la opción de renovarlo si lo deseaba.

Pero esto era lo último que Lincoln quería; de hecho no deseaba volver a verla y sus amigos pensaban que aun pasado un año de aquel penoso incidente, Abraham podría atentar contra su vida. Dos años después ya había dejado de ver por completo a Mary, pero ésta seguía decidida a casarse con él. Su herido orgullo estaba comprometido y se casaría con él así fuera lo último que hiciera, pero Lincoln estaba decidido a no casarse con ella, tanto así que le propuso matrimonio a otra mujer. Ésta hija de una señora que había sido su casera por cuatro años, una jovencita de dieciséis años de nombre Sara Butler, pero ella lo rechazó, pues se sentía demasiado joven para casarse.

Pero las presiones para el inestable abogado estaban por incrementarse, ya que la esposa de Simón Francis, director del diario republicano y en el que Abraham colaboraba frecuentemente con un editorial, estaba metiendo su cuchara. Cierta tarde le pidió a Lincoln que fuera a su casa; esta mujer tenía fama de casamentera, y todo esto le pareció bastante extraño a éste, pero aun así atendió la invitación que había recibido. Cuando llegó entró al recibidor y lo que vio fue algo que lo sacó de balance totalmente, pues ahí, a la mitad de la habitación, estaba de pie Mary Todd, tranquila como si no hubiera pasado nada.

No se sabe qué fue lo que sucedió en aquella entrevista, pero a ésta le siguieron muchas más, siempre a puerta cerrada y en casa de los Francis. Mary trataba de mantener esto en secreto pues ni siquiera a su hermana le había dicho que seguía viendo a Lincoln, y cuando ésta se enteró y le cuestionó su proceder, la obstinada y calculadora novia le dijo que no quería, en caso de volver a fracasar, que la gente la mirara con lástima otra vez. La señorita Todd presionaba a Lincoln diciéndole que debía casarse con ella por honor y éste cedió.

Había decidido casarse con ella aún a sabiendas de que no la amaba y que esta decisión le traería mucho sufrimiento e intranquilidad, pero su honor estaba comprometido y eso era mucho más fuerte que su deseo de un hogar feliz y lleno de amor. Para Lincoln, el honor era un asunto demasiado serio, y para prueba está el acuerdo que hizo con sus acreedores, a quienes pagó hasta el último centavo, así que la boda debía llevarse a cabo, y el día 4 de noviembre de 1842, aun en contra de sus deseos, le pidió a Mary que se casara con él.

La ansiosa novia no quiso esperar más tiempo y le pidió que fuera esa misma noche, a lo cual él trató de objetar, pero la decisión estaba tomada, así que fueron a la joyería y compraron los anillos que fueron grabados con una frase que a Lincoln le parecía más una condena que una promesa de amor: "El amor es eterno". Tras haber hecho esto, ambos se fueron a alistar: ella había regalado el vestido de novia así que se casaría con un sencillo vestido blanco; su hermana se había encargado de elaborar el pastel de bodas, y se afirma que cuando la ceremonia se llevó a cabo, el pastel todavía estaba caliente y no se podía cortar.

Mientras tanto, Abraham se preparaba en casa de los Butler, había alistado su mejor traje y lustrado sus zapatos, así que con la mayor resignación, se había vestido tan lujosamente como sus ropas se lo permitían. Se dice que cuando ya casi estaba listo, el hijo menor de los Butler entró en su habitación y le preguntó que a dónde iba, y Lincoln le respondió: "Al infierno, eso creo". Una vez que estuvo perfectamente ataviado, se fue a la casa de los Edwards, allí los estaban esperando todos, no sin la zozobra de saber si esta vez llegaría, pero cuando lo vieron allí, todos se tranquilizaron.

La ceremonia comenzó y el sacerdote pronunciaba su sermón alegando que el amor debe ser la cosa más pura y eterna entre una pareja, y estas palabras sonaban como un discurso de un condenado a punto de ir al cadalso. Lincoln parecía un condenado a muerte; su rostro reflejaba la amargura de la mala pasada que el destino le estaba jugando, ya que ni siquiera sonreía, permaneciendo impasible con un ligero rictus de dolor en su rostro. Una vez que el sacerdote los pronunció marido y mujer, Lincoln besó a la novia y sintió que ese beso era tan falso como sus esperanzas de ser rescatado de aquella situación. La fiesta ni siquiera logró conmoverlo o alegrarlo un poco, seguía sumido en sus pensamientos y dudas.

No hizo ningún comentario, a nadie le confió cómo se sentía, sus amigos más allegados lo sabían de sobra; aquel hombre humilde se había metido en una trampa de la que difícilmente podría escapar; el único comentario que hizo fue en una carta dirigida a Samuel Marshall, en la que le decía que la única novedad por su lado era que se había casado, y eso fue todo lo que comentó. Era evidente la amargura de Lincoln; nada podría sacarlo de ese estado de amargura en el que había caído. Ahora era un hombre casado con una mujer a la que no amaba.

4

El desastre

La vida marital

Los Lincoln se mudaron a una pensión que pertenecía a la viuda Early, y allí vivieron por algún tiempo. Su vida en común era un verdadero infierno. Se dice que cierta vez, durante un desayuno en el que estaban presentes todos los pensionistas, Abraham provocó el disgusto de su mujer. No se sabe cuál fue el motivo, pero la exaltada mujer le lanzó una taza de café caliente en la cara a su marido, quien se quedó impávido, no se movió para nada, resistía estoico aquella humillación perpetrada enfrente de todos sus vecinos. Este tipo de escenas era común en el matrimonio y nos da una idea de la vida marital de los recién casados.

En aquel desolado pueblo había once abogados, por lo que el pueblo era demasiado chico para todos ellos, así que la única salida era seguir al juez, un hombre llamado David Davis. Todos los abogados lo seguían por el condado ofreciendo sus servicios, y al llegar el fin de semana volvían con sus familias, todos menos uno, Abraham Lincoln. Abraham solía pasar hasta seis meses fuera de su casa, temía regresar y ver a su mujer, quien era su peor enemiga. Todo el tiempo lo estaba criticando y humillando, parecía que aquella malvada mujer se estaba vengando de la humillación que le había hecho pasar éste cuando no llegó para la primera boda.

Lo que más odiaba Mary de su esposo era su aspecto despreocupado y desgarbado. Lincoln solía salir a la calle en un atuendo que a cualquier otra persona le daría pena; además su andar era sin gracia ni cadencia, y todo esto exasperaba a su mujer; casi nunca iba al peluquero y su cabello crecido se amontonaba en la cima de su cabeza, como si fuera una especie de gorra. En cuanto a sus modales, Lincoln dejaba mucho que desear, pues nunca utilizaba los cubiertos como debía y hacía todo lo contrario a las buenas costumbres. En su casa era aún peor: solía andar descalzo, o tiraba la ropa por todos lados, recibía a las visitas en mangas de camisa, y esto escandalizaba a su especial esposa.

Pero además de todos los problemas que tenía con ella, su amigo, Joshua Speed, con quien viviera por un tiempo y quien le tendiera la mano cuando recién había llegado a Springfield, era objeto del odio de Mary. Ella era sumamente celosa y creía que Lincoln no se había casado con ella la primera vez por culpa de este hombre. Pero Abraham era otra cosa, tenía un corazón noble y nunca olvidaba cuando le hacían un favor, así que le había prometido a Speed que cuando tuviera un hijo, éste se llamaría igual que su amigo: Joshua Speed Lincoln. Mary se enteró de esto y le montó una impresionante escena a su marido, diciéndole que el bebé sería de ella, y ella sería quien le pusiera el nombre; y así lo hizo, le puso el mismo nombre que su padre, lo llamó: Robert Todd Lincoln.

La pareja tendría cuatro hijos, de los cuales sólo Robert llegó a una edad madura, pues murió a la edad de ochenta y tres años el 26 de julio de 1926 en Vermont; Eddie falleció a la edad de cuatro años en Springfield; Willie murió en la Casa Blanca a los doce años y Tad falleció en Chicago a los dieciocho.

Como ya lo mencionamos, Abraham no era afecto al trabajo físico, más bien podríamos decir que, hasta cierto punto, era un poco holgazán, pero él mismo alimentaba a su caballo "Old Buck" y a su vaca, la cual ordeñaba. Además, él mismo cortaba su propia madera y lo siguió haciendo por mucho tiempo, aun cuando ya era presidente. Abraham tenía una forma de ser bastante extraña quizá por todo lo que había sufrido, pero en sí era un ser sumamente soñador, que se podía quedar sumido en sus pensamientos por horas. Se dice que durante las cenas en casa, sus hijos se le subían, le jalaban el cabello y le gritaban, mientras que él solía tener la mirada perdida en el horizonte y no reaccionaba hasta que recordaba uno de los poemas que tanto le gustaban y procedía a recitarlo.

Algunas veces su retraimiento parecería increíble, como cuando paseaba a alguno de sus hijos en una pequeña carreola. Dicen que él iba mirando al piso mientras sus hijos jugaban dentro del pequeño vehículo hasta que se caían de él; su padre seguía la marcha soñando con quién sabe qué cosa mientras que su bebé yacía tirado en el suelo llorando, hasta que su esposa le gritaba y lo hacía volver por él. Cuando llegaba a su casa, entraba y ni siquiera saludaba a su esposa, era como si ella no estuviera allí; Mary gritaba a su marido que no ponía atención a sus hijos porque no los quería, y esto estaba muy lejos de ser verdad, ya que Lincoln adoraba a sus hijos, al grado de no darse cuenta de sus defectos. Nunca los reprendía, su condescendencia obedecía a que él pensaba que el amor debe unir a los hijos con los padres, lo que frecuentemente es frenado por la imposición de éstos últimos.

La actitud de los hijos de Lincoln era bastante malcriada; algunas veces solían amarrar un listón desde un árbol a una cerca para que cuando pasaran los transeúntes el listón les tirara el sombrero; en cierta ocasión, la víctima fue su propio padre, quien en vez de amonestarlos sólo les dijo que tuvieran cuidado porque alguien podría molestarse. Al parecer Lincoln nunca pensó en reprenderlos por alguna travesura o imprudencia.

Abraham Lincoln no pertenecía a una religión o grupo. Él llevaba su propia forma de vida y de conducta, la cual había tomado de un viejo que escuchó hablar en la iglesia alguna vez y que se llamaba Glenn. Éste le dijo que cuando él obraba bien, se sentía bien; si obraba mal, se sentía mal; y ésa era su religión, la misma que Lincoln adoptó, y cuando alguna persona quería entablar una plática de tema religioso, Abraham la evitaba de cualquier manera posible.

La excéntrica Mary Todd Lincoln

Todo el pueblo había llegado a conocer a la esposa de Abraham Lincoln. Sabían que era una mujer sumamente especial, que solía economizar en todo, pero aún así, le gustaba gastar el dinero en todo aquello que le diera un estatus elevado. En el año de 1844 prácticamente forzó a su marido a comprar la casa del sacerdote que los había casado, el reverendo Charles Dresser, cuya casa tenía más habitaciones y comodidades de las que realmente necesitaba. La casa contaba con un piso y medio, además de sala de estar, recibidor, habitaciones y un patio enorme. Cuando recién se cambiaron, aquel lugar era todo lo que había soñado, pero con el tiempo, le pareció poca cosa para ella, comenzando por el detalle del piso y medio, ya que su hermana vivía en una casa de dos pisos, así que molestaba a su marido constantemente con el tema.

Cuando los Lincoln pudieron pagar un auto, la señora alquilaba al hijo de un vecino por veinticinco centavos para que la condujera en el auto por todo el pueblo, visitando a sus amigas y demás conocidos. El pueblo no era grande y bien podría haberlo hecho a pie o en un carro de alquiler, pero aquello le parecía denigrante. Pero volvamos al tema de la casa, la señora Lincoln no había quitado el dedo del renglón y seguía insistiendo con el asunto de agrandar la casa. Por lo general él cedía casi sin poner resistencia, pero esta vez no sería así, pues ella sabía perfectamente que no eran ricos y que el dinero que ganaba como abogado apenas alcanzaba para cubrir sus gastos; así que para poder hacer que su mujer desistiera de la idea, mandó llamar a un contratista y le pidió de favor que inflara por mucho la suma del presupuesto. Cuando se la enseñó a Mary, ésta casi se desmaya, por lo que Lincoln pensó que eso daba por concluido el asunto; sin embargo estaba equivocado, pues en cuanto salió de viaje siguiendo al juez, su esposa llamó a un carpintero y vio que éste le cobraba mucho menos, por lo que le ordenó que se pusiera a trabajar de inmediato.

Abraham había estado trabajando fuera por casi seis meses, pero al volver, menuda sorpresa se llevó al ver su casa, la cual estaba irreconocible; de hecho, cuando la vio por primera vez pensó que se había equivocado, pero para su desgracia no había sido así. Los ingresos que percibía por su trabajo como abogado no eran elevados, y algunas veces tenía que hacer milagros para cubrir todas las cuentas. Ahora tenía que cubrir la cuenta inútil del carpintero, lo cual le preocupaba aún más y lo entristecía, y así se lo hizo saber a su esposa, quien en lugar de apenarse o reconocer que había obrado mal, le gritó y lo humilló diciéndole que era un inútil sin visión y que lo que ganaba no servía de nada.

El tema del dinero era siempre un motivo de discusión entre la pareja, pero Mary tenía algo de razón, pues Lincoln era el abogado que menos cobraba. Decía que sus clientes eran casi tan pobres como él, así que no tenía corazón para cobrarles más. Hubo varios casos en los que no cobraba nada o simplemente cobraba una bicoca; en una ocasión defendió a una muchacha demente de un estafador que pretendía birlarle una propiedad valuada en más de diez mil dólares, pero Lincoln se presentó en la Corte y en mucho menos de una hora ya había ganado el caso. Su socio llegó con él para compartir los honorarios que habían sido de 250 dólares, pero Abraham se indignó alegando que el dinero provenía de una pobre mujer y que no pretendía estafarla de esa manera, así que hizo que su socio devolviera la mitad del dinero.

Lincoln era en verdad un gran ser humano, con una bondad y caridad que no iban de acuerdo a su profesión y que además le impedían salir adelante económicamente hablando. Todos los demás abogados vivían bien y tenían una posición económica bastante desahogada, en especial aquel que había sido novio de Mary, Stephen A. Douglas, quien había hecho una gran fortuna y se había convertido en uno de los líderes políticos más importantes del país. Mary estaba arrepentida de no haberse casado con él, y así se lo hacía saber a su marido, quien la dejaba sola por seis meses y no le brindaba atención alguna, la ignoraba y además la tenía privada de cualquier comodidad, según decía ella.

Sin embargo, hemos de reconocer que la señora Lincoln era en verdad una mujer que sabía administrar el dinero empleado en el gasto de su hogar; su mesa era servida con mesura, era raro que sobrara un poco de comida. Pero en lo personal, era una persona bastante difícil, se dice que solía comprar carísimos perfumes franceses y que después los devolvía alegando que eran una falsificación. Esto lo hizo tantas veces, que el dueño de la farmacia nunca volvió a complacerla con algún pedido especial de ese tipo. Además, también tenía problemas con el vendedor de hielo, a quien frecuentemente acusaba de hacer trampa con el peso de su producto. Éste le juró que nunca le volvería a vender hielo mientras viviera, pero esta vez la necesidad obró milagros pues Mary realmente necesitaba el hielo y tuvo que humillarse, pagando veinticinco centavos a un vecino para que convenciera al comerciante de volver a venderle hielo.

En otra ocasión, un amigo de Abraham tuvo a bien fundar un periódico y éste se inscribió rápidamente, pero cuando el primer ejemplar llegó a su casa, Mary montó en cólera y le reclamó airadamente que malgastaba el dinero que ella con tantos sacrificios trataba de ahorrar; además, le es-

cribió una insultante carta al editor del periódico, quien a
su vez, disgustado por la misiva de aquella mujer, respondió en una de las páginas de su periódico y también le escribió a Abraham pidiéndole una explicación; esto había
provocado una penosa situación, aparte de muy mala pu-
blicidad para el insipiente abogado, quien enfermó por la
preocupación.

Mary Todd tenía tan mal carácter que las muchachas
del servicio eran remplazadas en su casa con una rapidez des-
concertante. Todas se quejaban de lo mismo: la prepoten-
cia y altanería de la señora Lincoln. Muy pronto, ninguna
mujer quería trabajar en su casa, a lo que Mary respondía
que en el Sur nunca pasaban estas cosas. Decía que cuando
un esclavo se rebelaba, simplemente era llevado a la plaza
pública y le daban azotes hasta hacerlo entrar en razón o
hasta causarle la muerte; de hecho, uno de los parientes de
Mary había matado a seis de sus esclavos con su látigo.

Hubo una mujer de nombre María, quien duró más de
dos años en la casa de los Lincoln. Todos estaban asom-
brados, pero existía un secreto para esto, pues Lincoln había hablado con la muchacha y le había anticipado todo
lo que iba a suceder con respecto al trato con su esposa, así
que para que la soportara le ofreció un dólar semanal y
por eso la mujer soportaba todos los insultos y exigencias
de Mary sin molestarse un poco. La muchacha conoció a
un hombre y se casó con él, dejando la casa de los Lincoln;
el marido se enlistó en las tropas del general Grant, y cuando el general Lee se rindió, María fue a buscar a Abraham,
quien ya era presidente. Éste la recibió con mucho gusto, la
mujer quería pedirle un pase para atravesar las líneas y así
poder pedir la liberación de su marido, el presidente le dio
dinero y una canasta de frutas y le ofreció que lo buscara al
otro día para darle el pase, pero eso nunca sucedió, pues
fue asesinado esa misma noche.

El comportamiento de Mary Todd era sumamente in-
comprensible; algunas personas pensaban que estaba de-

mente quizá porque sus padres eran primos carnales y esa unión pudo haber afectado a la criatura; de hecho, el mismo médico de Mary pensaba que quizá sufría de algún tipo de enfermedad mental. Lo cierto es que aquella mujer iba por la vida sembrando odio entre quienes la conocían y sabían del trato que daba a un hombre tan bueno y noble como lo era su esposo, quien soportaba todo con cierto aire de santidad.

Pero sus amigos no eran tan santos y en muchas ocasiones se enfrentaron a la temible Mary; algunos de ellos se sentían tan apenados por la situación de Abraham Lincoln que solían darle alojamiento por las noches en su casa; aquel descorazonado hombre no tenía una vida de hogar, temía llegar a su casa y solía vagar por las calles a altas horas de la noche en una actitud meditabunda. Cuando llegaba la noche, Lincoln solía ir a reuniones de abogados o a la biblioteca, o simplemente iba a la farmacia y allí pasaba horas contando anécdotas para los que llegaban y al poco tiempo había un numeroso auditorio.

Nunca se quejaba con nadie; sin duda, sus penas era una gran carga, pero él la llevaba a cuestas sin desahogar un poco en la confianza de alguno de sus amigos por íntimos que fueran. Ninguno de ellos desconocía la situación marital de Lincoln, e incluso muchos habían visto cómo su esposa lo corría de la casa en repetidas ocasiones utilizando una escoba; era común verlo en su oficina desde muy temprana hora, incluso antes de que llegaran los demás. Cuando esto sucedía, ya sabían que había reñido con su santa esposa pues se le veía desesperado, melancólico, estado del cual salía cuando llegaba algún cliente que le ayudaba a mantener ocupada la cabeza. Por las tardes nunca iba a comer a su casa, la cual quedaba a sólo unas cuadras de distancia, pues prefería comprar queso y algo de pan y comía en su escritorio; por las tardes, todos se despedían y él se quedaba allí, sentado en su silla como lo había estado desde la mañana. Cuando por fin se iba a casa, eran ya altas horas de la noche, se deslizaba por las calles como un alma en pena.

Cierta noche, Mary comenzó a discutir con Abraham, le reclamó de todo y en el peor de los tonos, hasta que comenzó a incrementar los ataques y los gritos. Todo estaba completamente fuera de control, su ira ya no podía crecer más, y súbitamente la legendaria paciencia de Abraham Lincoln desapareció: se levantó de su silla y la aferró del brazo y a empujones la llevó hasta la puerta; allí se detuvo y le dijo que estaba fastidiando su vida y que su hogar era un infierno, y como si se tratara de uno de sus discursos, buscó la frase ideal y le dijo: ¡Qué demonios! ¡Lárgate de aquí!

Es muy posible que Lincoln viviera el resto de su vida pensando qué hubiera sido de él si Ann no hubiera muerto. Seguramente sería feliz, pero es innegable que la ambición de su esposa lo ayudó a fijarse la meta de la presidencia y lograr la meta que ella le había propuesto, sin él saberlo siquiera. Pero el camino hasta esa meta sería todo menos tranquilo, ya que su falta de religión lo hacía ver como un hereje y eso lo aprovechaban sus enemigos políticos, quienes también lo acusaban de codearse con los ricos y dejarse influir por ello, pues se había relacionado con los Todd y los Edwards. Lincoln sabía que estas acusaciones, que si bien eran ridículas, podrían afectarlo enormemente en su panorama político, así que respondió con uno de sus brillantes discursos en el que decía que el único pariente que lo había visitado fue acusado antes de irse de haberse robado un instrumento musical, y que si eso era pertenecer a una familia distinguida y aristócrata, entonces se declaraba culpable.

5
Altibajos políticos

Tras la primera derrota

os enemigos políticos de Lincoln habían hecho una buena labor, y fue derrotado en las elecciones. Ésta sería su primera derrota en su brillante carrera política y como era de esperarse, su mujer sufrió más que su marido este revés; incluso lo regañó por no haber ganado, pero dos años después, Abraham volvió a postularse y tras una intensa campaña logró ganar los comicios y su mujer estaba loca de felicidad, pues pensaba que esto era sólo el inicio de una mejor vida y del ascenso hacia la presidencia, por lo que se mandó a hacer un traje de noche. Cuando Lincoln llegó a la capital, su mujer comenzó a escribirle cartas dirigidas a "Honorable A. Lincoln", lo que le pareció a él demasiado pretencioso y le exigió que dejara de hacerlo.

Pero las esperanzas de Mary de una mejor vida, por lo menos de una vida llena de lujos y el glamour de la política de Washington, eran muy diferentes a la realidad, pues cuando viajó para reunirse con su marido se encontró con una situación bastante deprimente. Lincoln no tenía ni un centavo y había tenido que pedirle dinero prestado a quien había sido su rival de amores, Stephen A. Douglas; además, había tenido que instalarse en una pensión que pertenecía a la señora Spriggs, la cual no tenía ningún lujo, las habitaciones eran frías y la calle del frente no tenía pavimento, los animales de la dueña vagaban por el jardín trasero haciendo mucho ruido durante el día y la noche, y despedían un fuerte hedor. Además, por si esto fuera poco, la sociedad de su nueva residencia no la tomaba en cuenta; de hecho ni siquiera se habían tomado la molestia de ir a recibirla o a conocerla.

Pero los Lincoln no tenían idea del problema que se avecinaba, ya que cuando Abraham llegó al Congreso se encontró con que los Estados Unidos de Norteamérica estaban en guerra con México, una guerra que ya llevaba un año y ocho meses, la cual había sido provocada por las ambiciones de los senadores esclavistas, cuyas intenciones de poseer más territorio para poder expandir sus tierras y aumentar sus riquezas: una guerra que incluso el general Grant juzgaría años después como vergonzosa y ridícula, declarando también que se avergonzaba de haber participado en ella. Con esta guerra, los norteamericanos se apoderaron de una gran parte del territorio mexicano, Texas pasó a ser parte de sus estados además de California, y durante la contienda, muchos de los soldados norteamericanos se pasaron al bando mexicano.

Pero retomando el tema, Lincoln llegó al Congreso y asumió lo que hasta ese momento había sido la tónica de su partido, atacando al presidente por haber iniciado una guerra de rapiña y asesinato, de robo y deshonra, como él mismo lo dijo, y añadió que Dios había olvidado defender al débil e inocente, permitiendo que una pandilla de asesinos y demonios infernales asesinaran a hombres, mujeres y niños, saqueando la tierra de los justos. Estas palabras no encontraron eco alguno en Washington ya que era un perfecto desconocido, pero en Illinois, un estado que había enviado a poco más de seis mil hombres, aquellas palabras ocasionaron un pandemonium, con marchas y mítines en los que las pancartas acusaban a Lincoln de vil, traidor e incluso de guerrillero.

Tarde se dio cuenta de las consecuencias de sus actos, había cometido suicidio político, y ya no podría regresar a su casa, así que su única salida era tratar de conseguir un cargo público en Washington. Intentó quedarse en la oficina de catastro pero no lo logró, después intentó ser nombrado gobernador de Oregon, pero tampoco pudo, por lo tanto regresó a su pueblo. De nueva cuenta se encontraba en el punto de partida, se sentía desmoralizado, así que se propuso regresar con nuevos bríos a su profesión y consciente de que no tenía disciplina mental para este trabajo, comenzó a estudiar fervorosamente. Su primer materia fue la geometría, luego la astronomía, pero aún seguía gustándole más leer a Shakespeare.

Sin embargo su ánimo no se recuperó, su vida como él la consideraba era un completo fracaso; la mujer a la que amaba había muerto y se había casado con un loca neurótica; su carrera política se había terminado y ahora no tenía nada a qué aferrarse, sólo su trabajo. Sus amigos, quienes se convertirían posteriormente en sus primeros biógrafos, estaban de acuerdo en que aquel hombre era sumamente melancólico, era la tristeza personalizada, su tristeza podría haber hecho llorar al mismo Shakespeare; cuando iba de viaje a trabajar como abogado, por lo general dormía en el mismo cuarto con dos o tres de sus colegas, y dicen que por las mañanas se levantaba pronunciando incoherencias o recitando algún verso de Hamlet.

Pero existía otra faceta en la complicada personalidad de Lincoln, una que lo hacía popular entre la gente: se trataba de su buen humor y su facilidad para contar historias. Era común que en medio de algún proceso, el mismo juez Davis detuviera la sesión para permitir que Lincoln terminara de contar alguna historia. Cuando por fin terminaba, la gente que le rodeaba literalmente se caía de su silla por el ataque de risa, lo que hacía a Abraham Lincoln un hombre sumamente popular, pero cuando todo esto terminaba, regresaba a su soledad mental y a su melancolía.

Abraham Lincoln permaneció en el olvido político por espacio de seis años; él pensaba que ese capítulo de su vida había terminado, pero el destino le tenía otros planes, así que volvería a la actividad política. Esto se suscitaría con la aparición del llamado "Pacto de Missouri", que lo llevaría a ocupar la silla principal en la Casa Blanca, y quien lo provocó fue su antiguo rival de amores, Stephen A. Douglas.

El pacto de Missouri

En el año de 1819, Missouri había tenido la intención de anexarse a la Unión con el estatus de estado esclavista, pero el Norte se opuso y se presentó una situación difícil, por lo que los hombres más importantes y de mayor peso político del momento se pusieron en acción y lograron establecer el llamado "Pacto de Missouri". Con esto se logró que el estado fuera anexado a la Unión, que era lo que el Sur deseaba, pero también se logró prohibir la esclavitud en el Norte, como lo deseaban los de esa parte del estado. Pero en el año de 1854, Stephen A. Douglas lograría derogar aquel pacto, y esto permitió que el Norte del estado fuera ocupado por los intereses esclavistas de muchos hacendados del Sur.

Este hecho marcó un vergonzoso inicio de la historia de injusticias en Estados Unidos de Norteamérica, una historia escrita con la sangre de los indefensos y débiles esclavos; un episodio con el que hasta nuestros días, algunas minorías siguen luchando. Douglas había logrado derogar el pacto con la intención de postularse para presidente y sabía que eso le ayudaría en el Sur, pero en el Norte se vería en grandes problemas. Él sabía que lo que había hecho desataría un gran alboroto y estaba dispuesto a asumir las consecuencias, pero no tenía idea de que su ambición terminaría por afectar enormemente a los dos partidos políticos, además de que habría de desatar un guerra civil.

Las reacciones empezaron a levantarse por todo el país llamando a Douglas "el traidor" en algunos lugares; los reverendos y sacerdotes también se levantaron en protestas, y en el nombre de Dios presentaron cartas al Congreso; la prensa estaba destrozando a Douglas; las personas de todos los estados habían fabricado maniquíes simulando al político, que ahorcaban y les prendían fuego. Pero como Stephen no tenía idea del odio que se había levantado en su contra anunció que daría un discurso en Chicago, y las armerías tuvieron las mejores ventas de toda su vida. Para la tarde de ese día no quedaba ningún revólver en sus bodegas o estantes, los encolerizados habitantes de esa ciudad habían jurado que el político no viviría lo suficiente para poder seguir con sus infamias.

En cuanto Douglas entró en la ciudad, se empezó a vivir un ambiente casi fúnebre, los barcos pusieron sus banderas a media asta, las iglesias tañeron sus campanas con el repique que se usa para anunciar la muerte de alguien: en este caso se trataba de la Libertad. Esa noche era una de las más calurosas del año, pues el calor hacía que las ropas se pegaran pesadamente a la piel y el sudor cayera en los ojos, enrojeciéndolos todavía más. Douglas había comenzado a hablar, mientras toda la gente de la ciudad se arremolinaba en torno a él, todos querían acabar con él, miles de hombres armados esperaban la ocasión propicia para asesinarlo.

Su primera frase fue acogida con rechiflas e insultos; la multitud no lo dejaba hablar, aquellos que lo seguían querían acallar los gritos por la fuerza, pero él se opuso y les dijo que lograría domar a la concurrencia, pero no lo logró. Habían pasado horas y la gente no lo dejaba hablar, así que, derrotado, gritó: "Es domingo y yo voy a ir a la iglesia, ustedes... ¡ustedes pueden irse al infierno!" A la mañana siguiente, todos los periódicos de Chicago publicaban lo sucedido aumentando la dolorosa humillación que había sufrido. Por fortuna no lo asesinaron en aquel vano y pretencioso intento de discurso. Uno de los periódicos llegó a manos de Mary Todd, quien se regodeaba con la situación de quien había sido su novio, y suspiraba aliviada de no haber tenido que estar presente en aquel acto como su esposa.

La destrucción política de Douglas presentaba un excelente panorama para Lincoln, y la oportunidad de efectuar un regreso triunfal en el ámbito de la política, pero el compañero de fórmula de Stephen, un irlandés de nombre Shields, iba a postularse para la reelección en algunos meses. Este hombre alguna vez tuvo serias dificultades con Lincoln, habían llegado al extremo de retarse a duelo, así que cuando se presentaron al campo de duelo, armados con sus sable y dispuestos a matarse, amigos de ambos lograron persuadirlos y se evitó que se batieran. Desde entonces Shields había logrado subir en la política y eso molestaba profundamente a la ambiciosa señora Lincoln.

Pero la ambición no sería el detonante de la reacción de Lincoln, sino la injusticia que esto significaba, la misma que le hacía regresar a la batalla. No podía permitir que esto siguiera adelante, así que escribió su discurso trabajando en él por semanas. Había leído y revisado cada uno de los debates que se habían suscitado antes y después de la derogación del pacto. Mientras, en Springfield, se daba inicio a la Exposición del Estado, a la cual asistían campesinos, ganaderos y cualquiera que quisiera exponer un producto en ella. Sin embargo nada de esto llamaría la atención de forma tan contundente como el anuncio de que Douglas hablaría en la ceremonia de inauguración.

El discurso del odiado político duró más de tres horas; en él había declarado que no trataba de establecer o prohibir la esclavitud en un Estado; que la gente hiciera lo que quisiera con la esclavitud, agregando que si el Estado era capaz de gobernarse a sí mismo, seguramente podría gobernar a unos cuantos miserables negros. En primera fila se encontraba Abraham, quien escuchaba atento a todo lo que salía de la boca de su rival, y cuando éste terminó su discurso, Lincoln sólo dijo: "El día de mañana tenderé sobre la cerca de mi casa el cuero de Douglas".

A la mañana siguiente, se distribuyeron propagandas en las que se anunciaba que Lincoln contestaría al discurso de Douglas. Esto levantó mucha expectativa y poco después del mediodía, la sala estaba casi llena. Llegó Douglas y poco después llegó la señora Lincoln, quien se había esmerado al reparar la ropa de su marido, algo que rara vez hacía, pero como el día estaba muy caluroso, Abraham decidió presentarse como acostumbraba vestir todos los días, sin cuello y con sus viejos pantalones sostenidos por un solo tirante, lo que ocasionó la vergüenza e ira de su esposa. Pero así era él, no le importaba vestir como los grandes políticos; además, nadie imaginaba el lugar que este hombre desaliñado ocuparía en la historia.

El discurso de Lincoln fue completamente diferente a todos los que antes había pronunciado. Al referirse a la injusticia, en sus palabras había una energía que él mismo no conocía. Era un hombre nuevo, conmovido en lo más profundo de su ser por aquella injusticia que él presentía iba a ser la causante de muchas desgracias y derramamiento de sangre inocente. Por más de tres horas, Lincoln puso en su lugar a Douglas y lo exhibía tal y como era en realidad; evidenciaba su falsa postura, a lo que el "ofendido" respondía con una transpiración extrema y retorciéndose en su asiento.

Las elecciones estaban próximas y Douglas lo sabía, se estaba dando cuenta de la figura que estaba naciendo ante sus ojos y a sus costillas, y los demócratas de nueva sangre estaban saboteando su candidatura. Los senadores en esos tiempos eran determinados por las votaciones de la legislatura de cada estado, así que en la primera votación, Lincoln era el primero de todas las listas. Sin embargo conforme fueron pasando los días, fue bajando en las listas hasta que después de la décima votación fue derrotado por Lyman W. Trumbull. Este hombre estaba casado con la amiga más cercana de Mary, y precisamente esa tarde se hallaba sentada con ella, pero en cuanto se enteró de la derrota de

Abraham, Mary se levantó enfurecida y salió de la sala rápidamente. Dicen que nunca le volvió a hablar a su amiga.

La derrota volvió a sumir a Lincoln en una depresión severa. Había regresado al trabajo, pero ahora no podía concentrarse en él pues sólo pensaba en aquellas personas que estaban siendo mantenidas en cautiverio, lastimadas física y moralmente: "Eso no es vida" —decía—, y ahora todas sus pláticas se basaban en este tema sabía que debía hacer algo. Y el destino le volvió a poner frente a él la oportunidad de actuar, pues una mujer de color llegó a verlo y le contó la triste e injusta historia de su hijo, quien había conseguido un empleo en un bote de vapor, y que fue detenido y encarcelado al llegar a Nueva Orleáns. Era un hombre libre pero no tenía cómo probarlo, así que sería vendido como esclavo para pagar los gastos que había derogado en la cárcel. Esta historia hizo que la sangre le hirviera al pacífico Lincoln.

Lleno de indignación, fue a ver al gobernador de Illinois, pero éste le respondió que no tenía poder para ayudarlo; le escribió al gobernador de Louisiana, y éste también le respondió que no podía hacer nada, así que volvió a visitar al gobernador de Illinois, quien sólo le confirmó su negativa. Lincoln le respondió que algún día lograría que la tierra de su país le quemara los pies a cualquiera que poseyera un esclavo.

Una nueva batalla

A los cuarenta y siete años, la vida de Lincoln era un desastre: estaba casado con una mujer a la que no soportaba, su éxito en su trabajo era moderado, su carrera política era prácticamente inexistente, los negocios nunca fueron su fuerte, y parecía que no le quedaba mucho por qué vivir. Pero la aparición del conflicto sobre la esclavitud le había dado un nuevo significado a su vida, pues sería el protagonista de uno de los capítulos más intensos de la historia. A partir de este momento la vida de este personaje tomará una velocidad vertiginosa; apenas siete años más adelante, Lincoln será asesinado en un teatro.

El estado de Kansas había solicitado que se le anexara a la Unión como un estado esclavista, pero Douglas se había percatado de que la Constitución de ese estado había sido aprobada de manera ilegal, así que era totalmente inválida. Entonces Douglas propuso que se hicieran elecciones en ese estado para que la gente decidiera si querían ser esclavistas o antiesclavistas, pero el presidente James Buchanan se indignó ante tal propuesta, enfrentó a Douglas y le dijo que no iba a tolerar esa votación y que lo destruiría políticamente. Sin embargo, el político le respondió que él había hecho a James Buchanan y que juraba por Dios que lo desharía. Con esta riña, el Partido Demócrata había sufrido una gran división, lo que haría posible que Lincoln fuera electo.

Pero todo había cambiado a partir de la pelea. Douglas se había convertido en uno de los hombres más queridos en Illinois, incluso en Chicago, donde antes querían matarlo. Ahora le habían enviado un tren lleno de músicos que venían anunciando su llegada, incluso, en cuanto entró a la ciudad, fueron disparados ciento cincuenta cañonazos y la gente corría a las calles para saludarlo, ¡qué lejos habían quedado los días donde la gente quería dispararle y no lo habían dejado hablar!

En Illinois se realizarían elecciones para elegir senador: Douglas fue elegido por el partido demócrata, y por el partido republicano, habían elegido a Lincoln. Cuando Stephen se enteró de esto, pensó que ya tenía el triunfo en la bolsa; nada lo podría detener, pero no contaba con la facultad de oratoria de Lincoln, con quien se enfrentó en varias ocasiones de acalorados debates, los cuales aumentaron la popularidad de Abraham. La gente de reunía en cantidades nunca antes vistas en una actividad política; el nivel de estas discusiones alcanzó tal revuelo que los periódicos del país acudían a cubrir sus debates, y pronto, todo el país estaba enterado de las actividades de estos dos contendientes.

Nadie hubiera imaginado que Lincoln estaría dos años después sentado en la Casa Blanca, pero para esto tuvo que pasar serias dificultades, una vida personal destrozada, y un ideal anhelante de ser cumplido. Abraham solía escribir todas sus ideas; lo hacía en trozos de papel, periódicos, sobres, en fin, en cualquier papel que tuviera a su alcance. Fue en ese momento cuando escribió una frase que sería grabada en la historia: "Una casa dividida en partes que se contraponen no puede perdurar".

El primer debate se realizó el 25 de octubre en Ottawa. Desde la noche anterior, la multitud se comenzó a reunir en esa población; las hosterías y casas de alquiler estaban a su máxima capacidad; los campos estaban plagados de visitantes de todo el estado, incluso el tren que llegaba por la mañana venía repleto: había gente sentada en los pasillos de los vagones. Al mediodía el ambiente era muy festivo, se podían escuchar las múltiples bandas de música que pululaban por todo el lugar. Douglas iba en camino a bordo de un lujoso carruaje tirado por seis hermosos y refulgentes caballos blancos, mientras que Lincoln, en una especie de burla, iba a bordo de un viejo carro que se utilizaba para acarrear heno, tirado por mulas blancas.

Al llegar, ambos candidatos tuvieron que abrirse paso entre una multitud ansiosa de escucharlos; tardaron casi una hora para poder llegar a la plataforma donde pronunciarían sus respectivos discursos. La diferencia entre ambos era muy marcada ya que Douglas vestía muy bien y siempre estaba perfectamente peinado, mientras que Lincoln utilizaba ropa vieja y siempre parecía como si un huracán lo hubiera atrapado, dejándolo despeinado y mal fajado. Además, Douglas media 1.62 m. mientras que su oponente media 1.92 m. El primero amaba la pompa y lujos que el poder le otorgaba; viajaba en un tren especial que en el último vagón llevaba un cañón de bronce, el cual era disparado cuando llegaba a un pueblo para anunciar su llegada, en tanto que Lincoln odiaba ese tipo de cosas. Él solía viajar en los vagones normales del tren, llevando como único equipaje una vieja maleta y un paraguas verde sin mango y amarrado con un cordón para evitar que se abriera.

A Douglas le importaba ganar por el lucimiento propio, mientras que a Lincoln no le importaba ganar. Lo único que le importaba era que se hiciera justicia y nada más. Sabía que las personas y los periódicos le habían imputado ambiciones políticas y económicas, pero eso no era cierto. Si en ese momento hubiera podido reestablecer el pacto de Missouri, lo hubiera hecho para terminar con esa pesadilla y poder regresar a su vida, y así se lo había hecho saber a todos los que lo rodeaban; incluso dijo que él aceptaría que Douglas no saliera de ningún cargo público y que él nunca lo ocupara, si con eso pudiera lograr que se realizara su sueño, la libertad.

Douglas afirmaba en sus discursos que la esclavitud debería ser permitida siempre y cuando la gente votara por ello. Su lema era "Que cada estado se ocupe de sus asuntos y deje a sus vecinos en paz"; mientras que Lincoln decía que si Douglas afirmaba que quien quisiera poseer esclavos podría hacerlo porque era legal, pero si se tratara de una injusticia ¿acaso tendrían derecho a hacerlo? "El juez Douglas piensa que la esclavitud es legal y poco le importa lo que hagan sus vecinos, pero el resto de la humanidad piensa diferente, la esclavitud es una gran injusticia moral".

Sin embargo los ataques hacia Lincoln siguieron. Ahora lo acusaban de querer que los blancos se casaran con los negros, a lo que Abraham respondió que él a sus cincuenta años no había tenido una esclava negra y menos se había casado con una, que había demasiados hombres blancos para casarse con las blancas y demasiados negros para hacer lo mismo con las negras, y que por favor, así deberían quedarse las cosas.

Douglas comenzaba a actuar desesperado, sus argumentos habían perdido fuerza y congruencia, por lo que Lincoln declaró que se sentía tonto al contestar argumentos que en realidad no lo eran. "Todo lo que dice es falso, y no es que quiera llamar al juez Douglas un mentiroso, pero cuando estoy con él, simplemente no sé cómo llamarlo". La suerte del juez ya estaba echada, pues de todas partes del país llegaban personajes importantes a combatirlo y a llamarlo "un demonio"; la situación estaba demasiado complicada para aquel hombre, así que le mandó un telegrama a su amigo Usher F. Linder, en el cual decía: "Los sabuesos del infierno están sobre mí. Por el amor de Dios, acuda a mi auxilio". Pero el telegrafista envió una copia a los republicanos y el mensaje apareció en los periódicos en la primera plana.

Douglas se estaba convirtiendo en el hazmerreír de todo el país, además de que Usher, a quien iba dirigido aquel célebre telegrama, fue llamado desde entonces "por el amor de Dios Linder". Pero las elecciones ya estaban encima y Abraham permaneció toda la noche en la oficina de telégrafos escuchando los resultados, mas otra vez iba a ser derrotado. Al enterarse de esto, sólo dijo: "Es un resbalón, no una caída".

No obstante, había llegado la hora de retornar a su trabajo y a su desordenada actividad. Cuando hubo regresado, leyó en el periódico una reseña acerca de su persona, en donde decían que era uno de los hombres más luchadores, pero que tenía una suerte bastante mala; esto lo hizo recordar las multitudes que se reunían para escuchar sus discursos, y le nació la idea de intentar volverse orador. Así, pues, preparó una conferencia titulada "descubrimientos e inventos", contrató un salón y puso a una mujer a vender los boletos, pero, desafortunadamente, ni una persona se acercó a comprar un solo boleto... había vuelto a fracasar.

El panorama se presentaba bastante desalentador para Lincoln. Había dejado de trabajar por seis meses y no tenía

En esta esquina solía estar la vieja oficina de Lincoln, la cual compartía con su amigo Herndon.

un centavo, ni siquiera podía pagar las cuentas al carnicero y al del almacén, así que era hora de ponerse a trabajar. Era invierno y comenzaba a hacer frío, pero él no sentía nada de eso, estaba tan desesperado que se volvía a sumir en sus pensamientos y tardaba mucho tiempo para salir de allí.

Un golpe de suerte

En la primavera de 1860 el partido republicano se reunió en la ciudad de Chicago para elegir a un candidato presidencial. Lincoln ni siquiera había sido tomado en cuenta y él mismo había declarado que no se sentía capaz de ser candidato a la presidencia. Sin embargo, el destino tenía sus propios planes. Era un rumor a voces que la candidatura sería otorgada a William H. Seward, lo cual se estimaba debido a los conteos parciales que se habían realizado en los trenes que habían transportado a los delegados a Chicago, así que parecía un hecho seguro. El mismo día que Seward iba a ser notificado, cumplía cincuenta y nueve años, y sería su gran regalo de cumpleaños. Éste ya lo esperaba, pues había organizado una gran fiesta para celebrar.

Pero la votación no había podido empezar a tiempo porque el impresor de las boletas se había demorado, y todos tuvieron que esperar. La votación no se haría el jueves por la noche como se tenía pensado, así que se pospuso la reunión electoral para la mañana siguiente. Tendrían que pasar diecisiete criticas horas para que se reunieran de nuevo, y este breve lapso bastó para que la candidatura de Seward fuera destrozada, y el encargado de esa obra que ni siquiera conocía a Lincoln, y que tenía cuentas pendientes con el ex candidato, a quien había apoyado para la gubernatura de Nueva York, sin recibir nada a cambio, se olvidara de él. Su nombre era Horace Greeley.

Greeley le había pedido a Seward que lo colocara en algún puesto, pero éste se negó dándole el lugar a su apoderado Thurlow Weed, quien también se daría el lujo de no sólo rechazar a Greeley, sino que lo hizo de una manera por demás hiriente. Así, pues, el ofendido le envió una carta al nuevo gobernador, una misiva que emanaba resentimiento en cada una de sus palabras; mas, ahora, la oportunidad de vengarse estaba al alcance de su mano y no iba a desaprovecharla, así que toda la noche la pasó yendo de una delegación a otra convenciéndolos de no votar por su enemigo. Como Greeley era un hombre reconocido y respetado, su periódico, el *New York Tribune*, era leído por miles en el norte de estado, así que su influencia era en verdad importante.

Greeley había resumido toda la carrera política de Seward en unas pocas palabras, y los delegados estaban furiosos y en contra del candidato, por lo que le retirarían su apoyo; y los amigos de Lincoln hicieron lo mismo, encargándose de pedirles que votaran a favor de Lincoln, aunque él no tenía ni idea de que esto estaba pasando. Sus amigos alegaban que seguramente por los demócratas el elegido sería Douglas y que nadie mejor que Lincoln para mantenerlo a raya, además de que era nacido en Kentucky y podría equilibrar la balanza en su favor en los estados de la frontera norte.

Cuando la votación dio inicio, la población de Chicago había salido a la calle a atestiguar lo que iba a suceder; todos tenían la idea de que el seguro ganador sería Seward, y así lo demostraba la primera votación. La gente estaba a la expectativa, pero en la votación del día siguiente, Lincoln apareció como una seria amenaza para el líder. Para el final del día Abraham Lincoln había derrotado por mucho a su oponente: las calles era una locura. La gente gritaba y festejaba como nunca antes, en tanto que Seward, sentado en la sala, solo, derramaba algunas lágrimas por la derrota. Greeley nunca había estado tan contento.

Por su parte, en Springfield, Lincoln no sabía nada de lo que pasaba en Chicago. Se había despertado y se alistó para ir a su estudio a trabajar en un caso, pero como estaba demasiado nervioso, salió a pasear, luego jugó billar por un rato, y después fue a las oficinas del *Springfield Journal* para analizar las noticias de la segunda votación. La oficina del telégrafo se encontraba en lo alto de las instalaciones del periódico, y en ese momento acababan de recibir la noticia de la elección de Lincoln, así que el telegrafista bajó corriendo y gritando: ¡Señor Lincoln, Señor Lincoln! ¡Usted es el candidato! Cuando Abraham escuchó esto, no podía creerlo, seguramente ante sus ojos habían pasado todos aquellos años de derrotas y humillaciones; sólo se sonrojó y no pudo articular palabra alguna.

En el pueblo la noticia corrió como reguero de pólvora. Las calles estaban llenas de personas que aclamaban el nombre de Lincoln, y el alcalde había ordenado que se dispararan los cañones para anunciar tan buena nueva. Cuando por fin pudo rehacerse, le dijo a sus amigos: "Discúlpenme caballeros, pero en casa hay una mujercita que querrá saber esto", y corriendo se marchó hacia su hogar. Por fin la suerte le sonreía, por fin había llegado la recompensa a todo

Así lucía Abraham Lincoln cuando asumió la presidencia de su país, después de haber recorrido un largo y doloroso camino.

su esfuerzo y sufrimiento, por fin el mundo conocería el nombre de Abraham Lincoln. En su casa lo esperaba su esposa que no sabía nada de cuanto estaba sucediendo y comenzó a gritarle, a reclamarle por qué no estaba trabajando. Abraham la interrumpió y tomándola de los brazos le dio la nueva noticia, Mary se quedó petrificada, no sabía qué decir, pero esto duró sólo unos segundos, ya que una vez que asimiló lo que estaba pasando, y se puso a hacer planes de cómo llegaría ante los demás miembros del partido, qué vestido usaría: tendría que mandar a hacer uno nuevo. Lincoln se quedó allí, parado, quieto como un árbol, sólo Dios sabe qué pasaba por su mente en esos momentos; quizá, todavía no lo podía creer, había perdido ya tantas veces que se había comenzado a acostumbrar a ello. Pero todo eso había quedado atrás, ahora le tocaba recoger lo que había sembrado por tantos años.

6

La presidencia

Lincoln, presidente

uando Lincoln inició la contienda electoral, nunca se imaginó lo difícil que sería, pero recibió mucha ayuda involuntaria de parte de su enemigo Stephen A. Douglas, quien no se conformó con ponerle a un adversario, sino que le enfrentó a tres, además de causar la irremediable división interna de su partido. Una vez que Lincoln evaluó la situación, se dio cuenta de que era prácticamente el nuevo presidente de los Estados Unidos de Norteamérica, sin embargo, aún tenía miedo de no poder conseguir los votos, ni siquiera los de su familia, y en eso no se equivocaría, pues de toda su familia sólo uno votó por él; los demás no lo hicieron porque eran demócratas.

Pero la realidad en el ámbito nacional era otra, porque a la hora de las elecciones Lincoln vencería de manera apabullante a sus contrincantes. Había sido un triunfo regional, ya que en nueve estados del sur (esclavistas), nadie había votado por él, lo que era en verdad preocupante, pero ¿cuál era la situación social y política en el Norte y Sur de este país?, bueno, pues los del Sur habían sido atacados por los del Norte, quienes habían formado una agrupación llamada la "Sociedad Antiesclavista Norteamericana". Esta sociedad se había dedicado desde hacía treinta años a tratar de eliminar a la esclavitud de su país, pero no lo había logrado. Además, había realizado y publicado un estudio acerca del tema denominado: "La esclavitud Norteamericana tal como es. El testimonio de 1000 testigos", en el que se narraban las experiencias de los testigos de muchas injusticias y crueldades, como cuando azotaban a las mujeres porque no daban más hijos, y de cómo a los hombres blancos de constitución fuerte y robusta les pagaban veinticinco dólares por embarazar a mujeres negras, ya que los niños mulatos podían ser vendidos a un precio mucho más elevado.

También se acusaba a los propietarios de esclavos del Sur de violar a sus hijas mulatas y después venderlas para que fueran amantes de otros hombres; a los esclavos se les obligaba a latigazos a llevar una vida licenciosa o de integrarse de lleno al mundo de la prostitución; se escuchaban historias terribles sobre las relaciones interraciales, las cuales resultan asquerosas incluso en nuestros días. Lincoln en persona, durante uno de sus discursos contra Douglas, había declarado que en Estados Unidos de Norteamérica existían 405,750 mulatos, todos ellos producto de las relaciones de los patrones con sus esclavas. Por si esto fuera poco, la tensión creció aún más cuando la esposa de un teólogo sin empleo, se dispuso a escribir una historia en la que relataba parte de su vida. La historia se llamaba *La cabaña del tío Tom*.

Esta historia es realmente conmovedora y tuvo muchos adeptos en su momento. Sin embargo, en el Sur no había levantado sentimientos de simpatía, al contrario, el odio había crecido más y más; así que cuando Lincoln llegó al poder, los esclavistas sabían que su futuro sería más bien turbio, y que la esclavitud podría desaparecer de un día a otro, por lo que tomaron una decisión un poco arrebatada se separarían de los demás estados de la Unión y formarían su propio país. En otros tiempos el mismo Lincoln había apoyado la idea de que cualquier estado podía reclamar su libertad para gobernarse a sí mismo, pero habían pasado cerca de quince años y aquella idea le parecía obsoleta. Sin embargo, la secesión estaba a la vuelta de la esquina; Carolina del Sur y seis estados más, se habían unido y declarado su independencia del resto de los estados, habían escogido a Jefferson Davis como el nuevo presidente del recién formado país, el cual proclamaba que la esclavitud era la condición natural del hombre negro.

El gobierno de Buchanan no hizo nada para impedir la separación de los estados, y Lincoln tuvo que esperar en Springfield mientras veía cómo el Congreso se caía por pedazos, mientras los del Sur adquirían armas al por mayor, así que de inmediato entendió que la única forma de reunir al país sería después de la guerra civil. Este asunto lo preocupaba de manera inimaginable, ya no podía dormir y había bajado quince kilos de peso. Lo más importante de todo el tiempo que pasó en su casa, antes de partir para Washington, fue que cierta vez que estaba recostando en el sillón para poder pensar un poco y fijó la mirada en un viejo espejo oscilante, vio su rostro y lo vio doble: era su rostro normal, y otro pálido, con la palidez que caracteriza a la muerte. Sobresaltado se levantó, pero aquella visión había desaparecido, así que volvió a acostarse y al hacerlo, volvió a ver aquel rostro pálido, ahora con mayor detenimiento.

Ahora Abraham estaba seguro de que viajaría a Washington para morir. Se lo contó a su esposa y ella pensó lo mismo. Además, Lincoln recibía muchas cartas con amenazas de muerte. Llegado el momento de partir, su casa era un tema del cual tendría que hacerse cargo, aunque no quería venderla, y tampoco quería rentarla, ya que los inquilinos podrían terminar con ella; pero encontró a un hombre que parecía tranquilo y sincero, y se la rentó por noventa dólares al año. Mientras tanto, puso en el periódico un anuncio en el cual decía que remataba todos sus muebles; no pedía lo que en realidad valían sólo les decía que pagaran lo que creyeran justo, y la verdad fue que le pagaron muy poco.

Hubo quien compró la mayor parte del mobiliario, se trataba del superintendente de la Great Western Railway, el señor L. L. Tilton, quien se llevó los muebles a Chicago y allí se quemaron hasta hacerse cenizas en el gran incendio de 1871. En Springfield habían quedado algunos muebles, los cuales fueron comprados años más tarde por un librero, quien los llevó a Washington y los exhibió en la casa de huéspedes donde murió Lincoln. Esta casa se encontraba casi enfrente del Ford´s Theater, y en nuestros días es propiedad del gobierno de Estados Unidos y es un museo.

Corría el año de 1861, y nadie que conociera a Lincoln tenía idea de la importancia de éste en la historia. Poco antes de partir, estuvo trabajando en lo que sería su discurso inicial:

"No pretendo luchar. No somos enemigos, sino todo lo contrario. No debemos ser enemigos. Por mucho que los lazos que nos unen se hayan levantado por la pasión, no pueden haber desaparecido. Los místicos hilos del recuerdo, que se extienden desde los campos de batalla y sepulcros de los patriotas hasta los corazones vivos y las chimeneas de nuestra amplia tierra, aumentarán el coro de la unión cuando vuelvan a ser tocados, como sin duda lo serán, por el ángel benévolo de nuestro ser".

Lincoln deja Springfield

Había llegado el momento de viajar a Washington, pero antes de partir a su cita con el destino, Lincoln debía hacer una visita, así que viajó a Charleston, donde visitó a su madrastra. Ella tenía el presentimiento de que algo le iba a pasar a Abraham, y le dijo que no quería que fuera candidato y mucho menos que lo hubieran elegido. Sabía que esta era la última vez que lo vería y la próxima sería cuando se reunieran en el cielo. Lincoln la llamó "Madre", le dio un abrazo y un beso y se marchó. Aquella mujer no podía estar más acertada, pues su hijastro sería asesinado en la capital del país.

La partida de Springfield no fue fácil. Lincoln recordaría lo que había sido su vida hasta entonces, y en sus pensamientos siempre estaba presente su fallecida novia y amor de su vida, Ann Rutledge, de quien estuvo hablando toda una tarde con un amigo. El mismo día en que dejó su pueblo fue hasta su oficina a terminar algunos detalles que había dejado pendientes de un caso, platicó con su socio Rendón por algunos momentos, preparó algunos libros y papeles que deseaba llevar consigo y salió. Pero antes de partir, le pidió a su amigo que dejara el letrero donde decía *Lincoln y Rendón* tal y como estaba, para que la gente supiera que aunque ahora era presidente, nada cambiaba en la firma legal, y le dijo: "Si vivo, cuando termine mi periodo, regresaré y seguiremos encargándonos de los asuntos legales como siempre".

Lincoln siempre estaba corto de efectivo, y aunque sus bienes valían poco más de diez mil dólares, tuvo que pedir prestado a sus amigos para poder pagar su viaje a Washington. Sus últimos días en el pueblo los pasó en un hotel, y cuando la noche anterior a su partida su equipaje fue llevado al Lobby del hotel, Lincoln le pegó unas etiquetas que decían: "Abraham Lincoln, Casa Presidencial, Washington D.C." A las siete de la mañana del día siguiente, la familia Lincoln abordaba el desvencijado autobús que los llevaría a la estación Wabash, donde un tren especial los estaba esperando para llevarlos a la Casa Blanca. Los habitantes del pueblo habían ido hasta la estación para despedirse de su vecino, así que hicieron una gran fila y le estrecharon la mano.

El silbato del tren anunciaba que había llegado la hora de partir. Lincoln subió a él y unos segundos después apareció en la parte de atrás, y después un breve discurso en el que daba las gracias a todos por haber compartido veinticinco años de su vida, les pidió que lo acogieran en sus plegarias pues la labor que le esperaba era mayor que la que había esperado a Washington.

En peligro de muerte

El servicio secreto y varios detectives habían estado monitoreando el viaje de Lincoln hacia Washington, y lograron enterarse de que en Baltimore se había armado una conspiración para asesinarlo cuando pasara por esa ciudad. Así pues le pidieron al presidente que entrara en la capital de noche y de incógnito, pero Abraham rehusaba hacer esto pues aparecería como un cobarde y suscitaría muchos comentarios y burlas. Finalmente sus amigos y los agentes lograron hacerlo entrar en razón y aceptó realizar el resto del viaje en secreto, pero su esposa no lo tomaría con tanta inteligencia y calma. Mary de inmediato se opuso y armó una gran alboroto, pues ella quería pasar por todos lados y que la vieran en el tren presidencial con su marido, además de que debería viajar en un tren posterior.

El día 22 de febrero, Lincoln había programado un discurso en Harrisburg, en el estado de Pensilvania, donde pernoctaría para reanudar su viaje a Baltimore y Washington a la mañana siguiente. Al llegar ese día, Abraham pronunció su discurso y al terminar, fue llevado al hotel, del cual salió por la puerta trasera ataviado con ropas viejas y llevado al tren que lo esperaba sin luces. Era de noche y los agentes del servicio secreto tuvieron a bien cortar las líneas telegráficas para evitar que los conspiradores avisaran a sus cómplices que el presidente se dirigía a Filadelfia.

Al llegar a esa ciudad, el plan se complicaba un poco, ya que todos debían esperar una hora para el cambio de tren; pero era demasiado peligroso tenerlo allí, sentado, a merced del asesino, así que el famoso detective, Allan Pinkerton, lo llevó a pasear por la ciudad en un coche sin distintivo alguno y con las luces apagadas. Había llegado la hora de regresar, eran cinco minutos antes de las once de la noche, y Lincoln, con un sombrero de lana y con su bufanda cubriéndole casi todo el rostro, salía rumbo al último vagón del tren apoyado en el brazo de Pinkerton, e inclinado para no delatarse por su gran altura. Una mujer, al servicio del detective, había reservado un espacio para el presidente, el cual se había delimitado con una cortina. A todos los pasajeros y personal, les habían dicho que era para su hermano inválido.

Pero a todas estas dificultades se le sumaba una que era la más peligrosa de todas. Se trataba del discurso de apertura de Lincoln. El ahora presidente había recibido muchas cartas en las que le decían que no llegaría vivo a la Casa Blanca, por lo que todo el personal de seguridad temía por su vida; incluso el general Winfield Scott, quien era el comandante en jefe del ejército, estaba temeroso de que en esa aparición pública fuera donde intentaran dar muerte a Lincoln. Por eso, el día del discurso, colocó a más de setenta soldados bajo el templete, y otros más de guardia en el Capitolio; entre el público se habían infiltrado muchos agentes del servicio secreto y otros soldados más.

Al término del evento, Lincoln fue conducido a un coche, el cual debía transitar por la avenida Pensilvania, donde, en las azoteas, había cientos de francotiradores con casacas verdes para prestar protección al presidente, y en las calles, los soldados hacían valla con las bayonetas de sus rifles caladas, resplandeciendo al sol, destellando en espera de aquel intrépido asesino que sin duda moriría en el intento. Después de unas horas, Abraham Lincoln había logrado llegar sano y salvo a la Casa Blanca, lo que provocó gran alegría a unos y a otros una gran decepción.

Su llegada a este importante lugar se vio complicada por el asalto que de la casa hicieron muchos hombres sin empleo, quienes con la esperanza de que el nuevo poder republicano despediría a todos los demócratas que ocupaban cargos públicos, iban a rogar por un empleo en el gobierno. En esos días, Estados Unidos atravesaba una difícil situación económica, incluso en Nueva York los soldados habían tenido que intervenir para evitar que una muchedumbre enardecida irrumpiera en la Subtesorería del Estado, pues tenían hambre: eran cientos de hombres flacos y desesperados con familias que mantener.

La Casa Blanca había sido tomada por hombres desesperados, sin dinero y sin trabajo, habían invadido prácticamente todo el lado Este de la casa, que es donde se desarrollaban las actividades de los anteriores presidentes. A estos hombres se les sumaron muchos mendigos que imploraban dinero para poder comprar comida. Esto fue algo común en el mandato de Lincoln: la gente corría a verlo para pedirle un empleo, aunque muchos de ellos eran haraganes que realmente no querían trabajar, y otros llegaban con cientos de recomendaciones. Cartas por millares llegaban a diario pidiéndole trabajo; lo acosaban en la calle, incluso, cuando ya se había desatado la guerra, la gente seguía atormentándolo.

La presión de aquellas personas había sido algo sumamente grave, pues le había ocasionado la muerte a Zachary Taylor en menos de un año y medio de mandato, y a Harrison en cuatro semanas. Lincoln tendría que soportar todo aquello y además encargarse de llevar por buen rumbo el país, pero como era natural, no pudo aguantar mucho tiempo, y cayó enfermo de viruela. Cuando estaba en cama, le dijo a sus amigos: "Díganle a toda esa gente que venga, ahora sí tengo algo que darles".

La primera dificultad de gobierno se presentó cuando apenas tenía un día de haber llegado a la Casa Blanca. El Fuerte Stumber, en Charleston, se había quedado sin provisiones, y sólo tenía dos opciones: la primera, enviar provisiones al Fuerte y con ello implicar la guerra; o la segunda, que consistía en dejar que el Fuerte se rindiera y fuera entregado a los confederados, pero esto significaba darle ánimos a la secesión y con ello desintegrar a la Unión. Él había prometido en su discurso inaugural que protegería a la Unión a costa de lo que fuera, y eso era lo que iba a hacer.

Lincoln ordenó que el barco "Powhatan" zarpara hacia la bahía de Charleston con provisiones a bordo, pero sin soldados, armas o cañones. Esta noticia fue recibida por el recién nombrado presidente de la "Nueva Unión" formada por el Sur, Jefferson Davis, quien en un telegrama urgente le dijo al general Beauregard que atacara aquel Fuerte si lo consideraba pertinente. La situación fue evaluada por el comandante Anderson, quien se encontraba bajo el mando del citado general, y éste le dijo a su superior que no hacía falta atacar, ya que en menos de cuatro semanas, el Fuerte se vería forzado a rendirse debido a que sobrevivían comiendo carne de cerdo salada, así que el hambre los forzará a salir y entregarse.

Pero el general Beauregard no quería esperar. Consideró que era necesario poner un ejemplo por si alguien quería regresar a la Unión. Así pues a las cuatro de la mañana del 12 de abril, el Fuerte comenzó a ser bombardeado por las fuerzas sureñas, respondiendo los soldados de la Unión con sus cañones. Esta situación duró casi día y medio, con el reporte de que no hubo bajas de ninguno de los dos lados; pero el Fuerte se vio obligado a rendirse, por lo que todos los habitantes fueron sacados y enviados a Nueva York. Esta batalla puso en marcha los mecanismos de la guerra, que ahora resultaba inevitable, y cabe mencionar que la sangre derramada por la defensa de la justicia fue en verdad muy grande. Esta guerra ha sido considerada una de las más sangrientas de toda la historia.

7

La guerra civil

Una cita con el destino

a guerra era inminente y los ejércitos del Norte necesitaban hombres. Lincoln, utilizando sus grandes dotes de orador, realizó un llamado a nivel nacional para que setenta y cinco mil hombres se integraran a las fuerzas armadas. El impacto de su petición fue increíblemente mayor a lo que esperaba, provocó que el orgullo de los hombres por su país y la justicia, despertaran los más fervorosos sentimientos y se alistaran por miles, así que tan sólo dos meses después, más de ciento noventa mil hombres marchaban en las filas de los "Yankees", como les llamaban despectivamente los del Sur.

Pero todavía había un problema, los hombres estaban listos pero no había nadie que los comandara. Lincoln recordó a un genio militar, y posiblemente el único en ese entonces. Se trataba del general Robert E. Lee, quien era un hombre del Sur pero odiaba la esclavitud. Mucho tiempo antes, él mismo había liberado a sus esclavos, no toleraba que una persona perdiera su libertad por la ambición de unos cuantos. Lincoln hizo la proposición a Lee, pero éste le pidió tiempo para pensarlo, y por días el hombre dejó de dormir; paseaba de un lado a otro pensando en tomar una decisión justa, de rodillas y con su Biblia entre las manos, le pedía a Dios que lo iluminara para saber hacer lo correcto.

Y llegado el día señalado para dar su respuesta al presidente, Lee se negó a tomar el mando. Era un hombre cuyo padre, otro brillante militar que había logrado ayudar a George Washington a expulsar a los ingleses de Estados Unidos, le había enseñado a amar a su estado, Virginia, más que a su país. Además, sabía que la guerra era lo peor que podría pasarle a su nación, así que rechazó la invitación de Lincoln y se incorporó al Sur. El peso de aquel ejército recayó en el general Winfield Scott, un hombre viejo y cansado que sufría de una lesión en la columna, por lo que ya no podía montar a caballo y caminar unos cuantos pasos era un verdadero suplicio. Sin embargo, el tiempo se echaba encima y debían entrar en acción, así que Mac Dowell, a cargo de un contingente de treinta mil hombres, se lanzó al ataque contra los confederados de Bull Run, un río del estado de Virginia. A este evento asistieron muchos legisladores acompañados de sus esposas, hijos y mascotas, con cestas de emparedados, como si fueran a algún espectáculo o evento social; todos engalanados, con sombrero de copa y guantes se dispusieron a ver la batalla.

Entre los hombres de aquel batallón se encontraban muchos turcos y suabos, los cuales eran considerados unos excelentes guerreros. Todos querían vestir como ellos, por lo que cubrieron sus cabezas con turbantes y se enfundaron pantalones rojos bombachos: la apariencia de aquel batallón ha de haber sido de lo más cómica. A finales de junio dio inicio la primera batalla de la guerra civil; muchos de los reclutas pertenecientes al regimiento de Pensilvania y Nueva York, apenas vieron los primeros muertos y oyeron el zumbido de las balas de cañón, comenzaron a exigir que se les diera su baja definitiva e irrevocable.

Pero no todo el ejército norteño había reaccionado así, la mayoría de las tropas luchó ferozmente hasta que los confederados, con más idea de la estrategia, enviaron de súbito a dos mil hombres frescos. La voz se comenzó a correr, había llegado el ejército de Johnston, lo que produjo un ataque de pánico y una gran desbandada. Mac Dowell intentó por todos los medio evitarlo pero nada pudo hacer; los confederados se dieron cuenta de esto y con cañones comenzaron a atacar la carretera, la cual estaba llena de soldados en retirada y de los carros de los legisladores que también trataban de huir. La carretera pronto se vio obstruida por una carreta que se había volcado; los caballos relinchaban y tiraban coces, mientras los aterrorizados soldados de turbantes rojos se pisaban entre ellos en su afán de salir con vida de aquella locura.

Lincoln había corrido a la oficina de telégrafo a revisar los mensajes que llegaban del frente de batalla y los llevó con Scott, quien se encontraba dormido. De inmediato éste fue despertado y recibió al presidente, leyó los telegramas y le dijo que no había nada por qué alarmarse y se volvió a quedar dormido. Le había dicho a Abraham que no sabía dónde y cuántos soldados había, que nadie le informaba nada. Lincoln se sintió deprimido por aquella respuesta, mientras tanto, por la noche, los soldados comenzaban a llegar a Washington. Los corresponsales de los periódicos se quedaban a platicar con Lincoln, narrándoles todo lo que habían visto en aquella desastrosa batalla. Las calles habían sido invadidas por mujeres con comida y café, que atendían a los exhaustos combatientes; comenzaba a llover, pero todos estaban tan cansados que se quedaron dormidos en las banquetas bajo la lluvia.

El panorama era desalentador. Muchos de los personajes importantes de la sociedad de ese estado, incluyendo a Horace Greeley, sentían pavor de lo que pudiera pasar y exigían que la guerra se diera por terminada al costo que fuera. Opinaban de todos modos que nunca iban a poder vencer al Sur; el descontrol que esto ocasionó hizo que los banqueros londinenses exigieran al gobierno la garantía de cuarenta mil dólares que le habían prestado, pero les dijeron que regresaran el lunes, que seguramente seguirían en el mismo lugar para ese día.

Las primeras victorias

Lincoln había resuelto eliminar a Scott del desarrollo de la guerra, y pidió al Congreso que le reclutaran cuatrocientos mil hombres, pero el Congreso sólo reclutó a cien mil y autorizaron que los hombres sirvieran en el ejército por tres años. Entonces entró en escena uno de los personajes más decepcionantes de aquel episodio: se trataba de un joven general de apellido McClellan, quien acompañado de veinte cañones y una prensa había logrado realizar algunas escaramuzas y vencido a unos cuantos confederados, pero en sus informes, lo hacían parecer como si él solo, armado con una navaja, hubiera derrotado a todo el Sur.

El pueblo tomó a este joven y astuto hombre como un caudillo, e incluso el Congreso le dio una mención de honor. Lincoln lo había hecho traer y lo nombró comandante del ejército del Potomac. El joven general había recogido los despojos de las tropas que se descarriaron en Bull Run, y las entrenó, dándoles motivación y confianza, al grado de que exigían entrar en acción; todos estaban deseosos de enfrentarse con el enemigo, todos menos McClellan, que se había dedicado a participar en desfiles y hablaba de todo lo que haría en el campo de batalla, pero eso era todo, sólo habladurías.

Ponía cualquier excusa para no entrar en acción. Esto ya había desesperado a Lincoln, quien le apremiaba a que entrara a combatir, pero el general seguía alegando cualquier cosa, incluso, una vez le dijo al presidente que no podía combatir porque el ejército estaba descansando. Lincoln le preguntó de qué se habían cansado. En otra ocasión, el ejército de Lee había sido derrotado y todo lo que restaba hacer era perseguir al general y apresarlo; con esto se hubiera acabado la guerra, sin embargo, McClellan no quiso hacerlo, alegando que sus caballos estaban cansados y tenían llagas en la garganta.

El pueblo había elevado a McClellan a alturas a las que éste nunca había soñado, y la fama lo había mareado. Despotricaba contra Lincoln y su gabinete; los llamaba "perros" "infelices", y cuando Lincoln intentaba hablar con él, lo hacía esperar. En cierta ocasión, llegó a su casa y su criado le informó que el presidente lo había estado esperando por horas, así que el ególatra militar subió al primer piso haciendo como si no hubiera visto a Lincoln, y después de un rato le mandó a avisar que ya se había dormido. Estos desplantes pronto fueron del conocimiento público y la gente comenzaba a hablar. Mary, presa de la ira, como era su costumbre, le rogó a su esposo que lo destituyera, pero éste le explicó que mientras diera victorias, no podría tratarlo mal.

El tiempo pasaba, meses y meses seguían su curso y el déspota general seguía entrenando a sus tropas y participando en desfiles, por lo que el país se estaba desesperando y comenzó a exigir a Lincoln que su general entrara en acción. El presidente le mandó un mensaje conminándolo a entrar en acción o renunciar. Este ultimátum no podía evitarlo, McClellan debía entrar en acción, por lo que se dirigió a Harper´s Ferry, desde donde planeaba invadir Virginia atravesando el Potomac en botes que llegarían desde el canal de Ohio, pero cuando los botes llegaron, les sobraban varias pulgadas para atravesar las esclusas del río.

McClellan envió un telegrama a Lincoln donde le decía lo que había pasado y que los botes no estaban listos, lo que causó la desesperación de Lincoln. Esta vez ya no toleraría más al cobarde y hablador general, hasta que por fin, un año después de haber iniciado la guerra, en el mes de abril, el general se dirigió a sus hombres y les dijo que aquella guerra iba a terminar en ese mismo instante, y que podrían regresar a sus casas a sembrar sus cosechas. El mismo Lincoln se sintió optimista por las noticias de su general y telegrafió a los estados diciendo que ya no aceptaran a más hombres.

Pero Lee ya le tenía tomada la medida al insipiente general norteño, y lo dejó acercarse al poblado de Richmond, y cuando ya estaba allí, lo comenzó a atacar de manera despiadada, consiguiendo hacerlo retroceder y en el acto le mató a quince mil soldados. McClellan culpaba de su derrota a los "infelices traidores" de Washington, quienes, según él, no le habían dado suficientes hombres. La verdad era que siempre disponía de más hombres que sus oponentes, pero siempre pedía más y más, hasta que llegó a pedir cien mil hombres más, lo cual él sabía, era imposible de conseguir y Lincoln también lo sabía y le dijo que lo que pedía era un absurdo.

Esto desató una serie de ataques de McClellan hacia Lincoln vía telegrama, en los que lo acusaba de tratar de destruirlo a él y a su ejército, además de muchos insultos e incoherencias, algunos de los cuales, el telegrafista se negó a transmitir. El suegro de McClellan y el jefe de Estado Mayor, P.B. Marcy, sugirieron que la única salida a todo esto era la rendición; cuando Lincoln se enteró de esta sugerencia, mandó llamar a Marcy y le dijo que esa palabra no era aplicable a su ejército.

Lincoln estaba más delgado que de costumbre y ajado por la preocupación. No sabía qué hacer y la presión era demasiada para su noble corazón, estaba desesperado y muy deprimido, pero esta vez no se iba a desplomar, soportaría el trago amargo con todas sus fuerzas y seguiría luchando hasta que ya no quedara otra opción.

McClellan, el traidor

La suerte del ejército del Norte había sido catastrófica. McClellan los había llevado a derrota tras derrota. Cuando Lincoln probaba con otro general, volvían a ser derrotados y el resultado eran numerosas bajas. Hasta ese momento ése había sido el tono de la guerra, y había decidido probar con John Pope, quien era igual de fanfarrón que McClellan, pero había tenido buena suerte en el campo de batalla, pues había logrado capturar a miles de hombres durante una batalla donde tomó una isla en el Mississippi. Su gusto por hablar en demasía le valió el sobrenombre de "Proclama Pope".

A su encuentro con el presidente, Pope tenía una actitud de perdonavidas que a todos les había resultado desagradable y cuando se dirigió a los soldados, los llamó cobardes y les dijo que bajo sus órdenes realizarían maravillas. Todas estas declaraciones le valieron el odio de funcionarios y soldados. Pero había un hombre que le odiaba más que nadie: se trataba de McClellan, quien estaba seguro de que aquel hablador había venido a quitarle su lugar y su mando, y el odio le corroía las entrañas.

Pope había decidido llevar al ejército a Virginia, y para esto necesitaría muchos hombres más de los que llevaba, porque la batalla que se esperaba sería cruenta. Así, pues, Lincoln le mandó un mensaje a McClellan pidiéndole que enviara hombres a Pope, pero el celoso general no obedeció las órdenes del presidente, al contrario, ponía excusas y pretextos para no hacerlo; incluso, regresaba a contingentes que ya había enviado con el pretexto de que necesitaba hombres para sus batallas: dejaría a Pope salir de aquel dilema rascándose con sus propias uñas.

Como resultado de esta falta de apoyo, Pope fue derrotado por Lee y perdió muchos hombres, y de nueva cuenta, los ensangrentados soldados volvieron a llegar a Washington. Esta vez todos temían que la ciudad fuera tomada por los confederados, así que se solicitó que todos los hombres salieran a las calles a defenderla. Stanton telegrafió a los estados vecinos para que enviaran a sus hombres para ayudarles a defenderse. Estas noticias provocaron que muchos escaparan de la ciudad en carretas o a pie; en las calles todo era pánico y locura: Lincoln sabía que esto era un hecho muy grave.

Las noticias corrían rápidamente, y pronto todo el país pensaba que McClellan había saboteado a Pope para vengarse del gobierno. El ambicioso general había dejado de ser un héroe para convertirse en un traidor. Lincoln lo hizo venir y lo puso al tanto de la situación, le dijo que incluso había quienes estaban proponiendo fusilarlo; sin embargo, no ejerció acción alguna en su contra, al contrario, le devolvió el ejército al general, pues si bien no era muy brillante en el campo de batalla, no había nadie como él en cuanto a adiestrar y organizar a las tropas. El presidente sabía que todos le reclamarían fuertemente por esta decisión, pero aún así, lo hizo.

Pero McClellan no tomaría con humildad este acto y meses después se negó a obedecer a Lincoln, por lo que fue removido permanentemente del mando y su carrera militar terminó para siempre. Ahora el ejército se había quedado acéfalo, y Lincoln le ofreció el mando a Burnside, quien lo rechazó dos veces, pero llegó el momento en el que ya no pudo negarse y lo tomó, no sin antes llorar porque sabía que no podría con este encargo. Finalmente llevó a sus tropas a un ataque contra un fuerte de Lee en Fredericksburg, y el resultado fue otra derrota y la pérdida de trece mil hombres, por lo que fue relevado del mando.

Esta vez sería el turno de un hombre de apellido Hooker, al que apodaban "Peleador Joe". Su frase predilecta era: "Que Dios tenga piedad de Lee, porque yo no lo haré", pero tomó el mando del ejército y marchó contra Lee con el doble de hombres que el general sureño; sin embargo, éste último lo arrinconó y lo llevó hasta las orillas del río de Chancerllorsville, matando a diecisiete mil hombres: una nueva derrota. A todo esto vino a destrozar a Lincoln una tragedia familiar. Sus hijos, con los que solía jugar y a quienes consentía todo el tiempo, eran lo que más amaba en este mundo, y uno de ellos iba a ocasionarle un gran dolor.

Alguien había tenido a bien regalarle un pony a Willie, el cual inmediatamente se convirtió en el pasatiempo favorito del niño, quien solía montarlo todo el tiempo en época de invierno. El pequeño se resfrió, pero la enfermedad se complicó y en pocas horas se había convertido en una fiebre. Lincoln pasaba todas las noches al cuidado de su hijo, hasta que una noche, el niño murió. Abraham estaba destrozado, no podía soportar la pena de haber perdido a su hijo. Mary también estaba desesperada por la pena, tanta era su desesperación que hizo traer a un espiritista cuyo sobrenombre era "Lord Colchester" para que hablara con su hijo muerto, y así, en una habitación oscura, aquel charlatán hacía creer a la señora Lincoln que su hijo le mandaba mensajes desde el más allá. Con el tiempo, aquel tipo fue desenmascarado y expulsado de la ciudad.

Abraham se sumió en la pena, ya no quería saber nada de los asuntos de la presidencia, evitaba a como diera lugar asistir a reuniones de gabinete y no contestaba carta alguna, su médico personal temía que se fuera a colapsar. Las riñas en el interior de su gobierno eran algo que no deseaba atender en esos momentos. Su secretario de Estado, Seward, era un personaje sumamente odiado, ya que trataba de manera déspota a todos aquellos que se le acercaban. Pero el más odiado de todos era, sin duda, Stanton, quien sentía desprecio por todos aquellos que le rodeaban, incluyendo a Lincoln y su esposa. El clima general era de desprecio hacia Lincoln; todos se sentían superiores a él, pues pensaban que tan sólo era un oportunista, un hombre tosco y sin personalidad que había llegado por accidente a la Casa Blanca.

Un huracán de resentimientos

El primer indicio de esta situación sucedió a las cinco semanas del mandato de Lincoln. Seward le envió una carta humillante e incoherente, en la que le decía que en todo lo que llevaba Lincoln en el poder, no había una política interna y mucho menos extranjera, así que mejor debería quedarse sentado mientras que él (Seward) se haría cargo de todo y evitaría que el país se fuera al diablo; además, estaba a disgusto con la manera en que Francia y España se comportaban, así que quería hacerles la guerra. Esto molestaba a Lincoln, quien además tuvo que editar una carta que su altanero subordinado habría de enviar a Inglaterra, y que de no haberlo hecho, lo más seguro es que hubiera ocasionado una guerra.

Parece que eso estuvo bastante cerca de ocurrir, ya que un barco de vapor de correo inglés fue detenido por un barco del Norte, y encontraron a dos comisionados de la Confederación que iban con destino a Francia y a Inglaterra aprensándolos, pero Inglaterra inmediatamente comenzó a prepararse para la guerra y mandó miles de soldados a Canadá con la finalidad de atacar al norte de Estados Unidos. Lincoln tuvo que disculparse y liberar a aquellos hombres y así evitó un conflicto armado. Muy pronto, por todo el país se levantó el rumor de que el verdadero presidente era Seward, lo que enfureció a Mary Lincoln, quien le exigía a su marido que reafirmara sus derechos, pero éste, con toda la calma y sabiduría del mundo, le contestó que si él no mandaba, tampoco lo hacía Seward, porque los únicos gobernantes que lo guiaban eran su conciencia y Dios, así que un día, esos hombres lo entenderían.

Otro hombre que tampoco soportaba la idea de que la Casa Blanca estuviera ocupada por alguien sin refinamiento era Salmon P. Chase, quien tenía la misma estatura de Lincoln, hablaba tres idiomas, era bastante culto y tenía una hija que era la más popular de la sociedad de Washington. Odiaba el sentido del humor del ahora presidente. Se dice que en cierta ocasión, el gabinete estaba en plena sesión, cuando a la puerta de la Casa Blanca llamó un hombre. Decía llamarse Orlando Kellogg y quería ver al presidente para contarle un chiste de un juez tartamudo, pero el conserje le dijo que no podía interrumpir la sesión. Aquel hombre e insistió y Lincoln fue avisado, inmediatamente lo hizo pa-

El ilustre Salmon P. Chase.

sar entrando con él a la Sala de Juntas lo presentó al resto de los asistentes, les avisó que su amigo quería contar el chiste del juez, y les pidió así pidió que de momento, dejaran los negocios de lado.

Chase pensaba que Lincoln no tomaba los problemas del país en serio, y mucho menos la guerra, por lo que la bancarrota del país y su ruina eran inminentes cuando en otro tiempo, él mismo, había tenido la esperanza de ser el candidato a la presidencia. Ahora sólo era el secretario del Tesoro, y el desaire que le habían hecho lo tenía sumamente resentido, así que decidió presentar su candidatura para las siguientes elecciones en 1864. Chase solía soltar a los perros del resentimiento en cuanto se enteraba que algún personaje influyente había sido afectado por una decisión de Lincoln, y el presidente lo sabía, pero no quería hacer nada en su contra. Decía que si alguien hace bien su trabajo entonces se le debe dejar trabajar, y según él, Chase hacía muy buen trabajo, aunque se ponía un poco ansioso con el asunto de la presidencia.

Sin embargo, la situación entre ambos se complicaba cada vez más. Chase había puesto su renuncia cinco veces, pero Lincoln solía ir a visitarlo y llenándolo de elogios lo hacía retomar su puesto. Pero esto comenzó a fastidiar al paciente Abraham, por lo que la siguiente vez que Chase puso su renuncia en el escritorio del presidente, éste la aceptó. Chase se desconcertó, no daba cabida a lo que estaba sucediendo, su chantaje moral había fracasado. En cuanto la noticia se dio a conocer, todo la Comisión de Finanzas se reunió y fue a protestar a la oficina del presidente; una vez que todos hablaron y expusieron su punto de vista, Lincoln les contó la situación que tenía con Chase; alegó que tenía problemas con la autoridad presidencial, además, dijo que el destituido funcionario estaba esperando a que fuera a convencerlo de regresar y que él ya se había cansado de hacerlo, por lo que su renuncia había sido aceptada, y agregó que prefería renunciar a la presidencia y regresar a su pueblo de ser necesario, a seguir soportando al gobierno con el que estaba.

Pero Lincoln no era un hombre rencoroso, y en un verdadero acto de amor y aprecio, nombró a Chase presidente de la Suprema Corte, el puesto más alto con el que un presidente puede reconocer a alguien. Sin embargo, el principal enemigo de Lincoln en el gobierno era Stanton, de quien todos pensaban que estaba mal de la cabeza, pues cuando murió su hija ordenó que exhumaran el cadáver y lo tuvo en la habitación de la pequeña por espacio de un año; y cuando murió su esposa, solía poner en la cama su ropa y gorro de dormir todas las noches, y se sentaba a llorar y a platicar junto a ellos.

Ambos se habían conocido durante sus días de abogado, en Springfield, en un juicio en el que defendían a un demandante con problemas de una patente. La apariencia de Lincoln le producía a Stanton desprecio, y así lo trataba; durante todo el proceso, nunca dejó que Abraham pronunciara una sola palabra, y cuando éste le dio su discurso, ni siquiera lo miró. Además, no lo dejaba comer con él o dormir en la misma habitación y lo miraba como si fuera un animal, alguien con quien no valía la pena mezclarse. Cuando Lincoln llegó a la presidencia, Stanton sintió que sus entrañas le quemaban y en repetidas ocasiones declaró que debía ser removido de la presidencia por un dictador militar.

Lincoln llevaba diez meses en el cargo, cuando se desató un escándalo en el ámbito nacional: el ministro de guerra, Simón Cameron, estaba aceptando sobornos, lo cual fue reclamado airadamente por todo el país, por lo que fue removido de su cargo. Esto había dado una solución ajena a sus manos, a Lincoln, para deshacerse de aquel hombre con el cual tenía marcadas diferencias acerca de darles armas a los esclavos. Pero ahora tenía un nuevo problema, el puesto de la Secretaría de Guerra estaba vacante, así que actuando como acostumbraba, Lincoln dio una bofetada con guante blanco a Stanton al nombrarlo el nuevo secretario de Guerra. Cabe mencionar que este nombramiento fue de lo más acertado.

En su nuevo puesto, Stanton utilizó su furia para dedicarse de lleno a él. No comía, casi no iba a su hogar, sólo se la pasaba detrás de su escritorio analizando los problemas del ejército y despedía sin miramientos a todo aquel que holgazaneara. Se convirtió en el verdugo de los contratistas deshonestos, incluso algunas veces, se olvidaba de la ley y arrestaba a generales sin formularles proceso hasta que pasaban meses. Había hecho de la guerra su razón de vivir, y no se detendría hasta que el Sur regresara a la Unión.

En cierta ocasión, Lincoln dio la orden para que se trasladaran unos regimientos, y la orden fue llevada a la oficina de Stanton. Cuando éste la vio, dijo que no iba a hacer tal cosa; le replicaron que la orden venía del presidente, y él dijo: "pues si la orden la dio el presidente, entonces el presidente es un estúpido". El escandalizado enviado fue hasta donde Lincoln y le contó lo sucedido, y Lincoln dijo que si Stanton había dicho que era un estúpido, entonces lo era, porque "ese hombre rara vez se equivoca"; así que fue a verlo y el secretario le hizo ver lo equivocado de su decisión y el presidente retiró la orden.

Pero cuando el presidente estaba decidido a que tal o cual cosa se hiciera, entonces Stanton montaba en cólera, a lo que Lincoln sólo respondía:

"Creo, señor secretario, que usted tendrá que hacerlo".

Con el tiempo, todos aquellos que antes lo denigraban y atacaban, comenzaron a ver la grandeza de su espíritu y la fortaleza de su voluntad, y entonces, como Lincoln había vaticinado a su esposa: "el único gobernante que lo guiaba eran su conciencia y Dios. Así, pues, un día, esos hombres lo entenderán". Y aquellos hombres, por fin, habían entendido; ahora lo respetaban y consideraban cada orden que de su boca salía, incluso el mismo Stanton, quien había atacado y despreciado tanto a Lincoln, cuando éste estaba en su lecho de muerte en la casa de huéspedes, dijo que en ese lecho yacía el más perfecto gobernante de hombres que el mundo hubiera conocido.

La verdadera razón de la secesión

La guerra de secesión tuvo como origen varios factores diferentes, y se piensa que el detonador de esto fue Lincoln. Sin embargo, él mismo había declarado que no tenía derecho alguno de prohibir la esclavitud en los estados donde ésta era permitida, y aún así, la guerra se desató y por más de un año y medio, los campos de batalla se tiñeron de rojo con la sangre de hermanos, primos, padres, esposos e hijos, todos ellos de un mismo país, de una misma tierra madre. Pero las acciones de Lincoln no fueron desesperadas, si bien la prensa y sus enemigos políticos lo atacaban públicamente, este hombre tenía un muy bien estructurado plan de acción.

Los ataque y las presiones venían de cualquier sector de la sociedad norteamericana. Se dice que en cierta ocasión recibió a una comisión de sacerdotes de Chicago, quienes le dijeron que era una orden directa de Dios liberar a los esclavos inmediatamente, pero el sabio Abraham les contestó que si Dios hubiera querido darle alguna orden, habría venido a su oficina en lugar de mandársela vía Chicago. Lincoln estaba seguro de que si lograba mantener viva a la Unión y a la vez impedir que la esclavitud se extendiera, lograría que ésta se extinguiera por sí sola, sin necesidad de derramar sangre; pero si la Unión moría, entonces la esclavitud no podría ser erradicada por varios siglos.

Su plan no debía llevarse a cabo de manera apresurada, pues cuatro estados esclavistas pertenecían al Norte, y si lo hacía corría el riesgo de que se incluyeran en la Confederación destruyendo a la Unión por completo, y tal vez para siempre. En realidad, Lincoln no estaba en contra de la esclavitud, tenía muchos amigos que poseían esclavos, entre ellos se encontraba Joshua Speed, y su propia esposa, cuya familia tenía muchos esclavos y la herencia que recibió cuando murió el señor Todd provenía en mayor parte de la venta de esclavos. No podía oponerse abiertamente, y como abogado, no quería ser injusto con nadie.

Su plan establecía que los dueños de esclavos de los estados leales de la frontera deberían recibir cuatrocientos dólares por cada uno de sus esclavos, para que, gradualmente, los esclavos fueran liberados, terminando con este proceso el 1 de enero de 1900. Lincoln presentó a los representantes de estos estados y a los miembros de la Casa Blanca su plan, pero éste no encontró eco y fue rechazado. Era en realidad un plan sumamente estudiado, pues la separación de esclavos y dueños sería tan lenta que nadie se daría cuenta hasta que hubiera terminado el proceso.

Pero los hechos terminarían por ayudarlo, ya que Inglaterra y Francia estaban preparándose para apoyar y reconocer a la Confederación, por lo que Lincoln debía tomar la decisión de liberar a los esclavos y darles armas para que lucharan. El contexto histórico es muy importante en estos momentos, por ejemplo, tenemos que en Francia, Napoleón III acababa de contraer matrimonio con una de las mujeres más bellas del mundo, María Eugenia de Motijo, por lo que ahora deseaba hacer carrera militar como su ilustre tío, y viendo que los Estados Unidos de Norteamérica estaban sumamente ocupados peleando entre sí, no podrían impedir que invadiera México, y así lo hizo. Llegó a este país y por medio de la fuerza lo tomó y colocó en el poder a Maximiliano de Habsburgo. Pensaba que si el Sur ganaba la guerra, lo apoyarían, pero si el Norte ganaba, buscarían la manera de expulsarlos de México, así que debía apoyar a las fuerzas del Sur.

Otro de los motivos fue el comercio, pues los buques del Norte habían rodeado las costas y puertos del Sur, dando inicio así a uno de los bloqueos más grandes de la historia. Sin embargo, esto no permitía a los confederados poder vender sus productos, en especial, su algodón, y de la misma manera, no podían comprar nada, ni armas, ni municiones, ni medicinas, ni comida; estaban desesperados, y aprovecharon todo lo que tenían a la mano; arrancaron las vías del tren para hacer blindajes para sus cañoneras, las campanas de las iglesias fueron fundidas para hacer cañones, buscaron hacer sustitutos para el café y el té, los periódicos fueron impresos en los papeles utilizados para envolver.

Como la comida estaba sumamente limitada, y los transportes estaban parados, en su desesperación ofrecieron a Napoleón III su algodón, con un valor de doce millones, a cambio de que éste reconociera a la Confederación y que atacara con su flota a los barcos norteños, y de esta manera levantar el bloqueo; además, le prometieron al gobernante francés que realizarían muchos pedidos a Francia para ayudarlos a reactivar la economía, así que éste se dirigió a los gobernantes de Rusia e Inglaterra y los convenció de reconocer la Confederación. Si esto se lograba, la situación del Sur se vería sumamente aventajada, pues contarían con alimentos, municiones, armas y una nueva moral; mientras que al Norte le tocaba la peor parte, pues sus dos nuevos enemigos eran sumamente poderosos, y luchar contra ellos juntos sería la ruina económica y moral, además de significar la muerte de una gran parte de la población masculina.

Lincoln sabía que era necesario hacer que Europa viera de manera diferente aquella guerra de su país, y se valió de la obra literaria *La cabaña del tío Tom*. Sabía que miles de europeos la habían leído y habían sufrido con las injusticias que vivían sus personajes, así que era necesario lanzar la Proclama de Liberación, así los habitantes del viejo continente verían que la lucha no era una carnicería sin ton ni son, sino una lucha por la libertad, una guerra contra los tiranos que querían seguir explotando a seres humanos para su beneficio propio.

El presidente norteamericano sentía la presión del tiempo, sabía que no podía demorarse más en lanzar su Proclama, pero el ejército no daba una, y Seward le aconsejó que esperara a que se diera una victoria; la espera se prolongó por poco más de dos meses, el ejército había logrado vencer a Lee en una batalla, y entonces Lincoln convocó al gabinete y les comunicó su resolución. Dicen que, incluso en ese momento de consecuencias históricas para la nación, Lincoln no obró de manera solemne, sino que apareció de muy buen humor y se puso a leerles un divertido cuento de Artemus Ward llamado "Mi arbitrario ultraje en Utiky". Una vez concluida la lectura y la risa, se pusieron a trabajar.

Les contó que desde que el ejército confederado estaba en Frederich, había decidido que en cuanto fuera expulsado de Maryland debía lanzar una Proclama de Liberación. "No le había informado a nadie, pero me lo prometí a mí mismo y a Dios. Ahora que las condiciones se han cumplido, voy a cumplir mi promesa, ese es el motivo de nuestra reunión, para que puedan escuchar lo que he escrito, no para que discutamos el tema, sino por si tienen alguna sugerencia sobre las expresiones que usé, por favor me lo digan"; la lectura comenzó y Seward le hizo dos sugerencias. Es curioso que un hombre que lo odiaba tanto, ahora se pusiera a cooperar con él.

Aquella reunión había tenido lugar en el año de 1862, pero la Proclama sería lanzada el primero de junio de 1863, un año después. Para diciembre de ese año, el Congreso se reunió y Lincoln les pidió su apoyo. Pero el día 31 de diciembre, Lincoln había estado saludando a los visitantes de la Casa Blanca desde las nueve de la mañana, y fue hasta la tarde cuando se retiró a su oficina donde, después de descansar su brazo para que su firma no saliera temblorosa y diera pie a malsanos comentarios, que firmó su Proclama de Liberación.

Este documento causó un revuelo en todo el Norte. Los soldados que habían estado peleando, desertaban para no pelear por la libertad de los negros y hacerlos sus iguales socialmente hablando; los reclutamientos disminuyeron dramáticamente. La población que antes había apoyado a Lincoln, ahora le daba la espalda, incluso las elecciones de otoño fueron el reflejo de esta situación. La derrota fue categórica, ya que incluso Illinois le había retirado su apoyo, pero en eso no paró aquel asunto, pues en el campo de batalla, el ejército, al mando de Burnside, había sido derrotado y perdieron más de treinta mil hombres.

Todo esto había desatado una tormenta política que estaba destrozando al gobierno de Lincoln. La gente estaba atemorizada mientras que Lincoln sufría ataques públicos en los periódicos, y en cada esquina donde había hombres platicando. El mismo Greeley se arrepentía de haber apoyado la candidatura del presidente unos meses atrás, ahora, el dueño del periódico más leído del Norte confesaba que ése había sido el error más grande de toda su vida.

Este hombre y los republicanos se reunieron con el único fin de pedirle a Lincoln que renunciara y despidiera a todo su gabinete, para que instalara al vicepresidente Hamlin y éste entregara a su vez el poder de los ejércitos a Rosencrans. Esta situación puso a Lincoln al borde de la desesperación, e incluso llegó a confesar que todo había terminado.

Sin duda, la lucha social de Lincoln no había sido entendida desde el inicio. Los norteños peleaban por el orgullo de su tierra, pero no pelearían por hacer que unos esclavos fueran libres y tuvieran los mismos derechos que los demás ciudadanos. Lincoln se había echado la soga al cuello, políticamente hablando, y se veía remota la posibilidad de salvarse de ésta; incluso llegó a comentar que sentía que hasta Dios estaba contra él.

8

Aparece una esperanza: Grant

El temerario general Lee

ara 1863, el general Lee había logrado una impresionante cantidad de batallas ganadas, así que decidió invadir el Norte con la finalidad de hacerse de los centros de manufactura de Pensilvania, aparte de conseguir alimentos, medicinas y ropas, y quizá, sólo quizá, podría tomar Washington y así obligar a Francia y a Inglaterra a reconocer a la Confederación. Este plan era sin duda temerario y Lee se estaba jugando el todo por el todo, sus tropas tenían muy alta la moral, y el hecho parecía inevitable.

A los pocos días, Lee ordenaba a sus hombres que comenzaran la marcha a través del Potomac, lo que ocasionó una ola de terror en los habitantes del Norte, quienes empezaron a huir a como diera lugar. Los más preocupados eran los negros, que temiendo regresar a ser esclavos, corrían como si el demonio los viniera siguiendo. Pero cuando Lee y sus tropas llegaron frente a Harrisburg, les llegó información de que las tropas del Norte estaban detrás de ellos y planeaban cortar sus líneas de comunicación, por lo que Lee, lleno de cólera, decidió dar una vuelta de 180 grados y regresó para acabar de una vez por todas con aquella molestia.

El avance de las tropas de Lee había llegado hasta un

pequeño pueblo llamado Gettysburg, donde por casualidad se encontró con las tropas de la Unión, y allí se llevó a cabo la batalla más famosa de la historia norteamericana. Los resultados de las batallas de los primeros dos días eran favorables para los Sureños, pues habían logrado aniquilar a veinte mil hombres, y al llegar el tercer día, Lee ordenó un ataque con hombres frescos. Confiaba acabar con aquella batalla, y para ello comisionó al general George Pickett. Esta orden era inusual en Lee, ya que siempre había peleado detrás de sus defensas o en los bosques, pero ahora se encontraba a campo abierto.

El general Longstreet advirtió a Lee lo descabellado de aquella acción, pues había más de kilómetro y medio entre los dos ejércitos y se había mandado un contingente de quince mil hombres, los cuales tendrían que pasar por colinas empinadas, baterías de cañones y las tropas. El ataque que proponía era casi suicida, pero Lee, seguro de obtener

Monumento del general Longstreet ubicado en el histórico campo de Gettysburg.

la batalla y confiado en la torpeza de las tropas de la Unión, se mantuvo en su posición y no cambió de opinión.

Esto, sin duda, sería un grave error, pues los soldados de la Unión habían logrado situar más de ciento cincuenta cañones en Seminary Ridge, formando una tupida cortina de fuego; Longstreet se dio cuenta de que aquello sería una batalla perdida y culminaría con la muerte de muchos hombres, por lo que llorando se negó a dar la orden, así que otro la dio y Pickett avanzó con sus hombres hacia una derrota segura. Cabe mencionar que Pickett y Lincoln eran viejos amigos; de hecho, el ahora presidente había logrado que el general pudiera asistir a la famosa academia militar de West Point.

Pero la hora de la batalla había llegado y las tropas al mando de Pickett comenzaron a avanzar; atravesaron varios sembradíos, una pradera y una hondonada, mientras los cañones de las tropas de la Unión causaban numerosas bajas en sus filas. Cuando iban más adelantados, la infantería enemiga salió de detrás de una barda y se lanzaron en contra de las tropas confederadas: la lluvia de balas que recibieron era incansable, habían caído miles de hombres y los comandantes de Pickett también habían muerto, sólo quedaba un valiente llamado Armistead.

Armistead condujo a los confederados en el último esfuerzo, y brincando la barda de Cementery Ridge atacaron a punta de bayoneta a sus enemigos. Poco después, tras una gran pelea a punta de acero y golpes, lograron clavar las banderas sureñas en aquel lugar, pero esas banderas duraron sólo un momento, pues los norteños seguían atacando y las tropas de Pickett terminaron por ser derrotadas. Lee había fracasado, el acceso al Norte resultaría imposible y el Sur sería derrotado.

Los restos de las tropas de Pickett avanzaban en retirada, todos los heridos y soldados ensangrentados que habían logrado sobrevivir llegaban a su campamento con la mirada perdida y la moral destrozada como sus cuerpos;

Lee montó en su caballo y salió a recibirlos; en cuanto vio las condiciones en que regresaban, les dijo que él, y sólo él era el culpable de esa derrota, por lo que la batalla la había perdido solamente él.

Lee emprendería la retirada el cuatro de julio de 1863. Guió a sus tropas hasta la orilla del Potomac, pero había estado lloviendo tan fuerte que las aguas estaban demasiado crecidas y no era posible cruzarlo, por lo que se encontraba atrapado. Ahora tocaba el turno al general Meade de terminar con aquella absurda guerra al atacar a Lee y apresarlo, dando cerrojo de oro a la hasta entonces desastrosa campaña de las tropas de la Unión. Sin embargo, el general era demasiado cauteloso, y a pesar de que Lincoln lo conminaba a atacar a Lee, Meade sólo telegrafiaba excusas.

Las aguas bajaron y permitieron que el general Lee escapara. Lincoln se enteró y desesperado se dio cuenta de que la guerra se prolongaría indefinidamente, pues ahora, Meade sólo tenía dos tercios del total de sus tropas, y Lee había huido al sur del río, por lo que perseguirlo sería suicida.

Los restos de la batalla de Gettysburg

El panorama que había dejado la sangrienta batalla era desolador. En el campo de batalla habían quedado seis mil muertos y veintisiete mil heridos a los que se debía ayudar rápidamente para que pudieran salvar la vida, por lo que eran llevados a iglesias, escuelas y graneros que habían sido improvisados como hospitales. Pronto el aire se llenó de tristeza y dolor; los gritos de los heridos era todo lo que se podía escuchar; la muerte caminaba a diario por estos lugares, y el calor hacía que los cadáveres entraran en estado de putrefacción rápidamente.

Las manos para cavar las fosas para los muertos eran insuficientes, además de que su labor era apremiante por el estado de los cadáveres, así que en muchos de los casos, el cadáver sólo era cubierto por una capa de tierra y abandonado en el mismo lugar donde había caído. Pero después de una semana en la que fuertes lluvias se habían sucedido, parte de los cadáveres habían quedado descubiertos, y sólo los caídos por parte de la Unión fueron recogidos y sepultados en un mismo lugar. Un año después, la Comisión del cementerio organizó una ceremonia para consagrar aquel lugar.

La Comisión realizó invitaciones y mandó algunas al general Meade y a otros militares y personas implicadas en aquella batalla, pero no invitaron al presidente pues pensaban que no asistiría. No obstante, el presidente tuvo a bien enviar una carta anunciando que asistiría a aquella ceremonia, lo que sorprendió agradablemente al Comité, que dudaba si el presidente iba a tener tiempo de pronunciar algunas palabras. Así, pues, no quisieron dejar eso al azar y le pidieron que por favor, al terminar el orador, hiciera algunas observaciones adecuadas; pero Lincoln no sabía qué decir en la inauguración de un cementerio, mas recordó una vieja canción que solía entonar su amigo Ward Lamon, quien veía llorar a Lincoln cuando la cantaba. Ahora, para alegrar el momento, cantaría la misma canción pero en una versión cómica.

Lo que había desatado en su momento un escándalo en el ámbito nacional, cuando todos le acusaban de hacer chistes y profanar el lugar donde tantas vidas se perdieron por una causa noble, ahora ofrecía una gran ocasión para callar la boca a tantos hombres que lo querían ver caer. Así que, cuando llegó la invitación, tenía un retraso de quince días, por lo que le quedaban quince días para preparar un discurso, y pasó varios de ellos en silencio, tratando de elaborar el discurso para la ocasión.

Había terminado parcialmente algunas palabras, y aún no se sentía satisfecho. Él quería darle una nueva pulida, pero llegaba la hora del discurso, el pueblo de Gettysburg se hallaba volcado en las calles y Lincoln apenas se estaba desayunando. Alguien tocó su puerta para recordarle que ya era hora y que debía ocupar su lugar en la comitiva que se dirigiría al cementerio. Así que al salir, montó en su caballo y conforme iba avanzando, sus brazos habían caído a los lados y se encontraba ensimismado en sus pensamientos, aislado del mundo repasando de nueva cuenta su discurso. Así era Abraham Lincoln.

En el cementerio, el orador encargado de pronunciar el discurso inaugural había llegado con una hora de retraso, y después, sus palabras se extendieron por poco más de dos horas. Al llegar el turno a Lincoln, su discurso sólo duró dos minutos y la gente se preguntaba si aquellas palabras eran todo lo que iba a decir el presidente de los Estados Unidos de Norteamérica. De hecho, la mayoría de los allí presentes, sólo había asistido para ver por primera vez a un presidente, así que cuando terminó, la multitud se sintió decepcionada, lo mismo que el ministro Seward. Hasta

Cañones utilizados en la batalla de Seminary Ridge, los cuales todavía pueden ser contemplados en dicho lugar.

el día de su muerte, Lincoln consideró que aquel discurso en Gettysburg había sido un total fracaso, pero nunca imaginó que en la historia aquel discurso ocuparía uno de los sitios preponderantes.

El general Grant

En 1861, un hombre sin empleo y sin personalidad, se hallaba atrapado en una vida que no le gustaba en Galena, Illinois. El empleo que tenía, si es que así se le podía llamar, era de tenedor de libros y criador de cerdos. Su familia tenía un almacén, pero los hermanos menores no querían que permaneciera en él, y lo corrían frecuentemente, por lo que solía vagar por el pueblo en busca de un trabajo, y así lo hizo hasta que su esposa y sus cuatro hijos se encontraron en la más profunda de las miserias.

El hombre, en un acto desesperado, pidió un préstamo a unos amigos y viajó a Kentucky a visitar a su padre, un acaudalado pero avaro anciano, quien en vez de darle dinero, le escribió a sus hijos menores y les ordenó que le dieran un empleo a su hermano. A su regreso, ya tenía un trabajo donde ganaba dos dólares diarios, más de lo que merecía, pues su capacidad para los negocios era casi nula. Tenía un desafortunado gusto por el whisky y siempre andaba como si se acabara de levantar de la cama; su ropa se veía desarreglada y era sumamente perezoso.

Todos sus proyectos terminaban siempre en fracaso; solía pedir dinero prestado a sus amigos, el cual nunca pagaba, así que cuando éstos le veían venir, por lo general corrían a esconderse de él. Pero el destino tenía preparada una sorpresa, algo que nadie hubiera imaginado. Tres años más tarde, tendría bajo su cargo a uno de los ejércitos más temibles del mundo y un año después, terminaría con la legendaria leyenda del general Lee, escribiendo de esta manera su nombre en la historia.

Este célebre hombre había sido despreciado desde que

nació, pues su madre no le había dado un nombre, y de eso se tuvo que encargarse la familia, para lo cual, realizaron un sorteo. En un sombrero pusieron varios trozos de papel con nombres escritos, y la abuela, quien había estado leyendo a Homero, escribió "Hiram Ulises", y ése fue el papel ganador, y ese nombre usó en su casa por dieciséis años: Hiram Ulises Grant. Había asistido a la academia militar de West Point, donde le apodaban "Sam Grant" ya que el encargado de escribir los papeles de registro se había equivocado y puso sus iniciales como "U. S. Grant", por lo que lo molestaban con el comparativo del Tío Sam, símbolo de ese país.

En la academia era constantemente reprendido por llegar tarde a pasar lista, y no acostumbraba estudiar estrategia como todos los demás; a él le gustaba leer novelas como *Ivanhoe*, por lo que resulta más que increíble que un hombre que nunca leyó un libro sobre estrategia, haya logrado derrotar a uno de los estrategas más brillantes de la historia, el General Lee. Grant era un tipo de sangre liviana, caía bien y había logrado tener muchas amistades y eso era lo único que le gustaba de West Point, además, odiaba al ejército y todo lo que estaba relacionado con él.

En el año de 1853 fue comisionado al Fuerte Humboldt, en el estado de California. En aquel lugar vivía un hombre llamado Ryan, quien se dedicaba a la geodesia en la semana y el fin de ella, lo ocupaba en predicar. Tenía un barril de whisky en la trastienda de su almacén, el cual estaba abierto y con un cordón colgando encima sujetando una taza, así que, cada vez que tenía sed iba al barril y la saciaba; y lo mismo hacía Grant, pero lo hacía demasiado seguido, hasta que por sus continuas borracheras lo destituyeron del ejército.

De nuevo estaba sin empleo y sin dinero, así que viajó hacia Missouri y allí pasó cuatro años sembrando maíz y criando cerdos. En invierno se dedicaba a cortar leña, la cual llevaba hasta Saint Louis y la vendía, pero con el paso de los años comenzó a retrasarse y el dinero volvió a escasear por lo que volvió a pedir dinero prestado, y hasta tuvo que dejar su propiedad y viajó hasta la ciudad para buscar trabajo. Su primer trabajo fue vendiendo bienes raíces, pero no duró mucho tiempo, y renunció. De nuevo se encontraba en la calle buscando trabajo y pasarían varias semanas antes de encontrarlo. Por lo pronto, había pedido a su esposa que alquilara a sus esclavos para tener algo de dinero y así poder pagar la cuenta del carnicero.

Cuando la guerra comenzó, Grant vio la oportunidad de salirse de aquel almacén donde sus hermanos lo despreciaban y regresar al ejército. Había salido de West Point y eso debería abrirle algunas puertas para entrenar a los reclutas. En su pueblo se había organizado un contingente y él lo entrenaría; pensaba marchar a la guerra al mando de aquellos hombres, pero cuando llegó la hora de partir, ya habían escogido a otro por capitán, por lo que Grant se quedó en Galena. De inmediato escribió una carta al ministerio de guerra solicitando que le fuera asignado un batallón y que él fuera nombrado su coronel, pero esta carta nunca fue contestada.

Cuando por fin logró integrarse al ejército, lo hizo en el poblado de Springfield, y trabajaba como ayudante militar. Su labor consistía en copiar órdenes; trabajaba todo el día. Pero estaba por suceder algo que cambiaría su vida para siempre: el 21 regimiento de voluntarios de Illinois ya se había convertido en una turba con armas y en busca de problemas, habían desobedecido las órdenes de sus oficiales y corrido del campamento al coronel Goode, bajo la amenaza de matarlo si regresaba, y el gobernador, quien no tenía buena opinión de Grant, lo envió para que se hiciera cargo de aquellos bravucones.

Su apariencia no era la de un coronel. No tenía caballo ni uniforme, y sus únicas señales de autoridad eran un bastón y un pañuelo de color rojo atado al cuello; sus ropas eran viejas y gastadas, su saco tenía agujeros en los codos y su sombrero, lleno de sudor y viejo, también tenía agujeros por donde respiraba su cabellera. La primera impresión de aquel hombre fue risible, de hecho, los soldados quisieron hacer mofa de él, pero Grant supo dominarlos, imponiéndoles severos castigos; por ejemplo, si alguien desobedecía órdenes inmediatamente era llevado a un poste, donde lo amarraban y dejaban allí por todo el día, y si alguien llegaba tarde a la hora de pasar lista, no recibía alimento en veinticuatro horas. Grant lograría hacer de aquellos pendencieros un verdadero ejército.

La buena suerte de Grant

A partir de ese momento, la suerte cambió para Grant, pues gracias a un movimiento político por parte del congresista Eliu B. Washburne, fue nombrado general brigadier y le fue asignado un cuartel general en la población de Cairo,

Cañón confederado en la línea de batalla, el cual permanece en el mismo lugar donde lo dejaran los soldados en el campo de Gettysburg.

Illinois. Al llegar a ese lugar, Grant comenzó con sus ofensivas, puso a sus hombres en botes y subió por el río Ohio donde ocupó Paducah, el cual era un punto estratégico para lograr su siguiente movimiento: se proponía bajar por el río Tennesse y atacar el Fuerte Donelson. Todos los peritos militares se opusieron y le advirtieron que realizar esa campaña era suicida, pero Grant no los escuchó y avanzó hasta tomar el Fuerte. El general confederado a cargo del Fuerte le escribió una carta donde le solicitaba una cita para discutir las condiciones de la rendición, pero Grant le contestó que sólo aceptaría la rendición incondicional e inmediata, pues se disponía avanzar sobre sus defensas.

El general confederado era un viejo amigo de Grant, incluso le había prestado dinero para el alquiler cuando fue expulsado del ejército. Se llamaba Simón Buckner, pero ni siquiera los recuerdos de antaño lo hicieron ser más suave en sus acciones. Una vez que Buckner entregó el Fuerte, se pasó el resto de la tarde fumando y bebiendo con su viejo amigo.

Aquella victoria de Grant tuvo resonancia hasta en el viejo continente, y había logrado grandes ventajas para las tropas de la Unión, entre ellas, un avance libre de poco más de trescientos kilómetros, y le valió el sobrenombre de "Rendición Incondicional". Grant, con este certero golpe a los confederados, se anunciaba a sí mismo como el hombre que el ejército de la Unión estaba esperando. Fue nombrado mariscal de campo y comandante del Departamento Militar de Tennessee, convirtiéndose de la noche a la mañana en un héroe nacional.

Pero sus días posteriores a esto, se convertirían en un suplicio, ya que el oficial superior bajo el cual servía, un hombre de apellido Halleck, lo trataba con la punta del pie. Este hombre era considerado como una nulidad en el aspecto militar; sin embargo, él pensaba otra cosa, pues había sido maestro de West Point, había escrito libros sobre estrategia, fungido como director de una mina de plata, y tenía cierto prestigio como abogado, lo que según él, dejaba a Grant sin oportunidad de competir en su contra, considerándolo solamente un borracho, un desconocido. Antes de lanzar su ataque sobre el Fuerte Donalson, Grant visitó a Halleck, quien en una actitud grosera desechó todos los planes del arriesgado y desconocido general, pero ahora las cosas habían cambiado: Grant era famoso y querido por todo el país, mientras que él era un perfecto desconocido, y esto lo tenía bastante molesto.

Casi a diario le mandaba telegramas a McClellan en los que acusaba a Grant de ser un indisciplinado y rebelde, y el mismo general estaba celoso de la fama que había alcanzado en tan poco tiempo aquel desconocido de Illinois. En respuesta le ordenó a Halleck que lo arrestara y pusiera en su lugar a C. F. Smith, y así lo hizo, le quitó sus tropas y lo relevó del mando poniéndolo casi bajo arresto, lo que le provocó una gran satisfacción. Tiempo después le fue devuelto el poder, pero cometió una locura en la batalla de Silo, en la que si el general Johnston no se hubiera desangrado hasta morir, hubiera podido acabar con las tropas a cargo de Grant, ocasionando bajas de más de trece mil hombres.

Las críticas no tardaron en aparecer, y muchas de ellas lo acusaban de estar bajo los efectos del alcohol durante la batalla y la mayor parte del país creyó esta injusta versión, exigiendo su destitución, pero Lincoln se negó alegando que peleaba. En enero del año siguiente, Grant fue puesto al frente de la expedición contra la fortificación de Vicksburg, la cual se encontraba en lo alto de un cerro, a más de setenta metros sobre el nivel del río Mississippi, lo cual le hacía prácticamente inexpugnable. Así, pues, Grant estaba frente a un gran desafío, ya que debía lograr que sus tropas se acercaran lo suficiente para poder atacar, pero el terreno lo impedía.

El primer plan fue atacar desde el Este, pero no logró avanzar y fracasó; el segundo fue quitar los diques del río para poder embarcarse y atravesar de esta manera las ciénegas y poder atacar desde el Norte, pero esto tampoco funcionó. El siguiente plan era cavar un gran canal para desviar el curso del Mississippi, pero tampoco funcionó. Esto colocó a las tropas de Grant en una posición bastante difícil, pues habían pasado demasiado tiempo metidos en el barro de las ciénegas y las enfermedades habían comenzado a aparecer: la malaria, la viruela y el sarampión fueron los causantes de muchas bajas en las tropas de la Unión.

Las noticias volaban a todo el país, y el fracaso de la expedición a cargo de Grant ya era un tema en todas las pláticas, suscitando que se volviera a pedir la destitución de éste. Pero Lincoln lo defendió a capa y espada, y su confianza se vio justificada el 4 de julio, cuando, al mismo tiempo que el general Lee lograba escapar bajo las narices de Meade, Grant había logrado entrar a la fortificación y había apresado a cuarenta mil hombres. Ahora cabalgaba en un caballo que pertenecía a Jefferson Davis, y con esta acción se apuntaba la victoria más grande desde Washington.

Muy pronto se habían olvidado las exigencias de despedir a Grant y de nue-

Jefferson Davis había sido nombrado presidente por los estados del Sur.

va cuenta era aclamado por todo el país. Había logrado con esta victoria, que el Sur fuera dividido en dos, y el Congreso ahora aprobaba una ley especial que le permitía nombrar a Grant, teniente general. Lincoln lo había llamado a la Casa Blanca y lo nombró comandante en jefe de todos los ejércitos de la Unión. Le habían preparado una ceremonia con todo el lujo que la ocasión merecía, pero éste se excusó alegando que tenía que regresar al frente inmediatamente. Lincoln le pidió que se quedara a la cena que su esposa le había organizado, pero Grant le dijo que estaba harto de tanta zalamería y que prefería regresar a la batalla.

Este gesto alegró a Lincoln, se dio cuenta que aquel hombre era como él, que no le gustaba toda la parafernalia que el poder representa. Sus esperanzas renacieron y tenía plena confianza en que con aquel hombre al frente de las tropas, la victoria sería cosa de cualquier momento, pero estaba equivocado.

9

El final de la guerra civil

La carnicería de 1864

Grant había conseguido arrinconar a Lee en una selva llena de ciénegas y poblada densamente por pinos y cedros. Aquel lugar era conocido como "Las Soledades". Era el mes de mayo de 1864, y el general tenía la firme intención de acabar con Lee en ese mismo lugar; llevaba consigo 122,000 hombres. La primera batalla fue terrible, la selva se incendio y los heridos que quedaron atrapados en las llamas murieron calcinados. La visión de todo aquello había resultado impresionante, y Grant se retiró a su tienda donde no pudo contener por más tiempo el llanto.

Pero la voluntad de este general era inamovible, siempre gritaba a las tropas que avanzaran, sin recordar siquiera lo que había pasado en la anterior confrontación. Había declarado que estaba resuelto a combatir hasta el fin, aunque le tomara todo el verano, pero le tomaría mucho más que eso pues hasta la primavera del año siguiente terminaría aquella pesadilla. El general tenía ahora el doble de hombres de los que tenía Lee; además, podía pedir más refuerzos, mientras que los confederados estaban por agotar sus reservas de hombres, así que decidió que la única forma de terminar con la guerra y con Lee, era matando a sus hombres poco a poco hasta que se rindiera, o sea, que si mataban a dos de sus hombres por uno de ellos, era un riesgo que podía permitirse.

En mes y medio ya habían muerto 54,926 hombres por el bando de la Unión, y en Cold Harbor se perdieron siete mil hombres en tan sólo una hora, pero todas estas muertes no le habían producido ninguna ventaja. Los soldados ya estaban desesperados e incluso los oficiales estaban pensando seriamente en realizar un motín; sin embargo, hasta ese momento, la única salida era seguir adelante y presionar a Lee, y eso hasta Lincoln lo entendía, por lo que le mandó un telegrama a Grant, en el que le decía que se aferrara con todas sus fuerzas a la batalla y que no cejara hasta llegar al fin de todo ese problema. Asimismo pidió al Congreso que le reclutara quinientos mil hombres más.

Este nuevo reclutamiento había despertado un sentimiento de zozobra y pánico en el país. Lincoln era aborrecido tanto en el Norte como en el Sur. Lo tachaban de carnicero y demonio de la guerra, incluso algunos de sus enemigos afirmaron que la única manera de librar al país de su influencia era dándole muerte. Y lo intentaron, pues cierto día, cuando salía a caballo de la residencia llamada "Hogar del soldado" alguien le disparó y logró perforar su sombrero de copa.

En el mes de junio, los republicanos habían presentado la candidatura de Lincoln para un nuevo periodo, pero tras los eventos recientes, les parecía que aquello estaba destinado al fracaso, que sería una locura y habría de evitarlo. Así, pues, algunos de ellos fueron a ver a Abraham para pedirle que retirara su candidatura, y en la mente del presidente se extinguía la esperanza de ser reelegido tras las derrotas de sus generales y su política. Pero la situación empeoró cuando un grupo de republicanos convocó a una nueva elección para el candidato y se eligió al general John C. Frémont.

Sin embargo, el general Frémont se retiró. Además, por el bando demócrata, se encontraba un enemigo declarado de Lincoln. Se trataba ni más ni menos del general McClellan, quien en las elecciones hallaba la manera de vengarse de Abraham, pero fue derrotado por más de doscientos mil votos. Tras estas elecciones, Lincoln siguió con su trabajo sin alardes de ningún tipo; su personalidad había ido cambiando con las penas y las presiones, y ya no era el tipo alegre que gustaba de los cuentos divertidos, se había convertido en un tipo sombrío y muy lejano de ser feliz.

En cierta ocasión, mientras se hallaba reunido con la autora de *La cabaña del tío Tom*, Madeleine Stowe, le comentó que no lograría vivir para ver lograda la paz, porque la guerra lo estaba matando, y esto era más que cierto. Había llegado a tal punto que sus amigos se preocupaban por él, sugiriéndole que tomara unas vacaciones, a lo cual se negó, pues decía que no podía escapar de sus pensamientos y que era de ellos de quien necesitaba descansar.

Contaba que cada vez que cerraba los ojos, veía el rostro de las madres, las viudas, las hijas de algún soldado muerto en el campo de batalla y que eso era algo de lo que no podía escapar. Los generales y el mismo Stanton reclamaban a Lincoln que su indulgencia iba a acabar con la disciplina del ejército, pues cada vez que algún soldado era condenado a ser fusilado por abandonar su puesto y huir, o dormirse en su puesto cuando le tocaba hacer la guardia, Lincoln lo perdonaba alegando que él mismo no estaba seguro de que lo haría mejor que ellos.

En cierta ocasión, recibió una carta de una mujer que le decía que su prometido, el cual estaba reclutado, había ido al pueblo a votar, pero que en ese encuentro ambos se habían entregado libremente a su amor, y que esa entrega estaba por darles una familia ilegítima, a menos que Lincoln se apiadara de ella permitiendo a su novio una licencia para que se casara con ella y la salvara del terrible destino que le esperaba. La respuesta del presidente fue un mensaje a Stanton en el que le decía que enviara a aquel muchacho a casa.

El fin de la guerra

En el otoño de 1864, el general Sherman había logrado la toma de Atlanta y marchó por todo Georgia. Por el mar, el almirante Farragut había logrado, no sin antes luchar fieramente, que el cerco en el golfo de México se tornara mucho más estrecho, y el frente dirigido por Sheridan seguía avanzando. Así, pues, Lee sabía que lo iban a rodear, ya que, por el otro lado, Grant estaba logrando sitiar Petersburg y Richmond. La popularidad de Lincoln volvió a subir como espuma, así que fue elegido en noviembre para ocupar otro periodo.

Tras cuatro años de lucha, la guerra estaba a punto de terminar y Lincoln no guardaba resentimiento alguno contra los sureños. Decía que aquel que no quiere ser juzgado, no juzga a los demás. La rendición de Lee estaba muy cercana, se llevaría a cabo el mes de abril de 1865, y Lincoln propuso a los senadores que se pagara al Sur la cantidad de 400 millones de dólares por sus esclavos. Sin embargo el Congreso consideró que era una idea descabellada y no lo apoyaron.

En 1865, la esposa del presidente confederado Jefferson Davis, empacó todas sus cosas, el resto las puso a la venta y vendió sus caballos. Acto seguido, se dirigió más al Sur. Esto tenía que ver con el asedio que Grant estaba haciendo a Lee. Los alimentos escaseaban, y el dinero con el que les pagaban, cuando lo hacían, era impreso por la Confederación y casi carecía de valor. Había que pagar trescientos dólares de esos por una taza de café, y esto reflejaba una situación que comenzaba a tornarse desesperada. Lee sabía que la guerra estaba perdida al igual que la esclavitud; hasta ese momento ya habían desertado más de cien mil hombres; los regimientos abandonaban la lucha en masa.

Los pocos soldados que quedaban solían orar, no para que ganaran la guerra, sino para que pudieran salir con vida de aquella locura de guerra. El dos de abril, el poblado de Richmond estaba a punto de ser tomado por la Unión, entonces el ejército de Lee le prendió fuego a los depósitos de algodón y tabaco, así como al arsenal y los buques en construcción de la bahía, y por la noche abandonaron la ciudad bajo la luz de aquel infernal incendio. Pero Grant se percató de la huida de los confederados y los persiguió con setenta y dos mil hombres, logrando rodearlos por todos los flancos, mientras que el general Sheridan con la infantería les cortaba las líneas de comunicación.

Por telegrama le informaron a Lincoln que si seguían con las acciones iban a lograr que Lee se rindiera, y el presidente contestó que siguieran con las acciones hasta que cayera Lee. Y así fue. En un tramo de ciento veinte kilómetros, Grant logró copar a Lee y sus confederados, por lo que el general sureño comprendió que no había salida y que derramar más sangre sería del todo inútil, y se rindió. Así se lo hizo saber al general de la Unión, que debido a una fuerte migraña se había retrasado un poco, pero apenas recibió la carta, dijo sentirse aliviado.

Se pactó una reunión en un edificio para establecer las condiciones de la rendición. Grant iba como siempre, con las ropas hechas un desastre, mientras que Lee vestía con la elegancia que la ocasión permitía. Esa era la primera vez que el general de la Unión sentía vergüenza por su apariencia y le pidió disculpas a Lee por no haberse vestido adecuadamente para la ocasión. Ambos comenzaron a hablar de las aventuras que pasaron veinte años antes en la guerra contra México, y así hubieran pasado toda la tarde de no ser por que Lee le recordó a Grant el motivo de aquella reunión.

El triunfador de aquella batalla pidió tinta y papel, y se dispuso a escribir las condiciones, las cuales Lee aceptó y firmó. En ellas se les permitía a Lee y a sus hombres conservar sus armas y quedaban en libertad bajo palabra, además de que serían regresados a sus casas. Sin embargo, los del Norte exigieron que aquellos hombres que habían traicionado a su bandera fueran ahorcados, pero Grant había previsto esta situación y escribió las condiciones de la manera más clara y objetiva posible.

Seguramente el lector se preguntará por qué aquellas condiciones habían sido tan benévolas para los confederados; por qué no se les ahorcó o fusiló en aquel mismo instante; por qué no se les arrojó dentro de una prisión y abandonados ahí a su suerte. La respuesta es muy sencilla: porque Lincoln había redactado las condiciones, incluso en las victorias, se podía contemplar la nobleza de su corazón. El presidente se embarcó rumbo a Washington en el *River Queen*; estaba feliz, pero la felicidad le duraría sólo cinco días más, porque en ese tiempo, habría de ser asesinado.

10

La conspiración

John Wilkes Booth

En el año de 1863, ricos hacendados de Virginia iniciaron una conspiración para asesinar a Lincoln. Era una sociedad secreta creada con ese único y exclusivo fin. En el mes de diciembre habían anunciado en un periódico de Selma, Alabama, que se realizaría una colecta pública para crear un fondo que costeara su negro propósito. Pero no era el único lugar donde sucedía esto, ya que en otros estados del Sur, se habían ofrecido abundantes recompensas a quien diera muerte al legítimo presidente de los Estados Unidos de Norteamérica.

Con el tiempo aparecería un hombre, un actor mediocre de nombre John Wilkes Booth. Su objetivo no era ganar dinero, lo haría sólo para ganar fama. Gozaba de un magnetismo personal y era reconocido como un gran amante. Cuando tenía veintitrés años de edad, ya era un actor conocido, el papel que lo caracterizaba era el de Romeo, el cual, cada vez que lo representaba, le hacía recibir cientos de cartas de mujeres que habían caído enamoradas de él al contemplar su representación. Las mujeres se agolpaban afuera de los teatros para verlo aunque fuera un instante. Se dice que tras el asesinato de Lincoln, una de sus amantes, Ella Turner, cuando se enteró de que su amado era un asesino y que estaba prófugo, sintió una gran pena, y tomando el retrato de Booth, ingirió cloroformo y se tendió en la cama a esperar que la muerte fuera por ella.

Pero la ambición de este hombre no era conquistar el corazón de todas las damas del país. No. Él ambicionaba ser reconocido en los mejores teatros, que el público aplaudiera su talento dándole el estatus de gran actor. Sin embargo, en Nueva York los críticos lo consideraban mediocre y en Filadelfia el público lo bajó del escenario con una gran rechifla, así que su bello exterior contenía una envenenada alma. Esta situación era insoportable para el actor, pues sus antepasados, incluyendo a su padre, habían sido reconocidos actores. Éste último había inculcado en su hijo la creencia de que estaba destinado a ser el actor más grande de todos los tiempos.

Mas la realidad era bastante distante a eso, pues el talento del joven era muy limitado y lo poco que tenía no lo utilizaba: odiaba estudiar. Así, pues, en lugar de prepararse como actor, en su juventud solía pasear a caballo dando rienda suelta a su imaginación, mientras peleaba con una vieja lanza contra los enormes árboles del bosque. Su padre le había inculcado el vegetarianismo, pero el joven ignoraba todas las costumbres de su familia y vivía como se le daba la gana hacerlo; le gustaba matar, solía disparar con su escopeta a los gatos y perros de los esclavos.

Tiempo más tarde se dedicaría a ser pirata de ostras en Chesapeake, y después, todo eso quedaría atrás porque ahora era objeto del afecto de miles de muchachitas que lo seguían como las moscas a la miel. Realmente él deseaba la vida de su hermano Erwin, quien sí estaba destacando como actor, así que en plena desesperación y decidiendo no tolerar por más tiempo aquella situación, Booth se propuso volverse famoso de la noche a la mañana. Su primer plan había sido secuestrar a Lincoln cuando se apagaran las luces del teatro, entonces subiría al palco presidencial y amarraría al presidente para sacarlo de allí por una puerta lateral.

Con el presidente amarrado, pretendía llegar antes del amanecer al pueblo de Port Tobacco, de ahí cruzaría el Potomac y viajaría a caballo al Sur por el estado de Virginia hasta llegar detrás de las líneas amigas y poner a Lincoln bajo el resguardo de los soldados de la Confederación. De esta manera, el Norte se vería forzado a rendirse y la gloria de la victoria se la darían a él, lo que lo haría mucho más famoso que su mismo hermano. Ése era su plan maestro, sin duda, muy romántico pero inútil para poderlo realizar. Booth hubiera tenido que superar varios obstáculos, como las defensas de las tropas de la Unión, las cuales estaban en casi todo lo largo del Potomac.

Las finanzas del mediocre actor no eran malas, ya que ganaba cerca de veinte mil dólares al año, pero había decidido apostarlo todo al éxito de su plan. Así que, utilizando sus ahorros, logró contratar a una banda de confederados y les prometió que serían ricos y famosos. Aquel grupo era de una variedad bastante patética, pues entre ellos se encontraba un tramoyista borracho de nombre Spangler, otro era Atzeerodt, un pintor de casas, analfabeta y bastante violento; Arnold, un desertor del ejército confederado; O'Laughlin, peón de cocheras, ignorante y borracho; Surrat, escribano e idiota; Powell, un gorila sin cerebro e hijo de un predicador bautista y por último, Herold, un vagabundo que vivía de la caridad de su madre y hermanas.

El asesinato de Lincoln

Ése era el "comando" que se encargaría de ayudar a Booth en su descabellado plan. El actor había realizado todos los preparativos con minucioso detalle, había preparado los relevos de los caballos en los lugares indicados, había comprado un par de esposas y tres botes, los cuales estaban listos para recibirlo y transportarlo con su preciosa carga. En el mes de enero de 1865, Booth se enteró que Lincoln asistiría al Ford´s Theater para presenciar la representación de Edwin Forrest en la obra "Jack Cade", así que pensó que había llegado el momento, se alistó y estuvo esperando a Lincoln, pero el presidente nunca apareció. El plan se vino abajo.

Pero dos meses después Lincoln tendría que asistir a un campamento vecino para asistir a una obra de teatro. Saldría por la tarde y la patética banda se alistó: Se armaron con sus cuchillos, se escondieron en un tramo del bosque, y esperaron y esperaron. Cuando por fin pasó por ahí la carreta de la Casa Blanca, el presidente no iba en ella. Resulta cómico imaginarse a aquella partida de perdedores escondidos en el bosque por horas para no conseguir nada.

Booth estaba llegando al límite de la desesperación. Sus frustrados planes no habían logrado nada más que las burlas de sus compañeros en el crimen, por lo que decidió que si no lo podía secuestrar, lo mataría. En esos días tuvo lugar la rendición de Lee, dando con ello fin a la guerra, así que el secuestro del presidente ya no tenía ninguna finalidad, y decidió que lo mataría inmediatamente. Esta vez no tendría que esperar demasiado, el viernes durante una visita que hizo a la peluquería, se enteró que el presidente había reservado un palco para la función de esa noche.

Los tramoyistas estaban preparando el palco para la visita de Lincoln. Habían colocado una mecedora cuyas patas eran más largas que las normales para que el presidente estuviera cómodo. Booth sobornó a uno de los tramoyistas para que colocara la silla en la posición que él deseaba, debía estar cerca de la orilla para que nadie pudiera verlo entrar a él; después hizo un agujero en la puerta a manera de mirilla; acto seguido, hizo una ranura en las puertas que permitían la entrada a los palcos desde la sala general, para así poder poner una improvisada tranca.

Terminados los preparativos del teatro, Booth se fue a su hotel y escribió una carta al director del *National Intelligencer*, en la cual decía que había asesinado a Lincoln en nombre del patriotismo y que la historia sería benévola con él. La firmó y entregó a un actor, a quien le dio instrucciones de que la enviara para su publicación al día siguiente. Todo estaba listo, sólo faltaba preparar a sus compinches: rentó una yegua veloz, se reunió con sus hombres y les dio caballos y armas; a Arnold le dio una escopeta y la orden de disparar contra el vicepresidente y a Powell, le dio una pistola para que se encargara de matar a Seward.

El fin de la guerra era motivo de júbilo en la ciudad, y el teatro debía estar vacío. Sin embargo, los reclutas se habían reunido en Washington y el teatro se llenaría de hombres ansiosos de diversión, además de que podrían ver al presidente, y vitorearlo con gran alegría. La afluencia había sido tan generosa, que muchas personas no alcanzaron boleto y tuvieron que retirarse. A las ocho horas y cuarenta minutos de la noche, llegó la comitiva presidencial. El primer acto ya había comenzado y los actores tuvieron a bien interrumpir la presentación para saludar al presidente y sus acompañantes. Lincoln saludó contento de ver que la gente sentía un gran afecto por él, se sentó en su mecedora, y se dispuso a ver la representación.

La señora Lincoln había invitado al comandante Rathbone y a su prometida, la señorita Clara H. Harris, quien era hija de un senador; así que ambos satisfacían los altos estándares aristocráticos de la especial Mary Lincoln. La representación era todo un éxito, la gente estaba feliz como hacía años que no se le veía, el mismo Lincoln había tenido un día feliz. Había recibido a muchos amigos de Springfield que habían venido a felicitarlo por el triunfo de sus tropas, incluso les contó de un raro sueño que había tenido. Se trataba de un sueño que se presentaba cada vez que había algún hecho extraordinario. Había aparecido antes de Gettysburg, Antietam, Vicksburg y la derrota de Lee, y se veía a sí mismo en un barco muy raro de vapor, el cual viajaba con rapidez a una playa oscura y borrosa; Lincoln pensaba que era una buena señal, pero no tenía idea de lo que estaba por suceder.

Vista del campo de batalla de Gettysburg, el cual ahora es un lugar histórico, donde existe un museo con artículos de la cruenta batalla.

Mientras tanto, Booth había estado bebiendo whisky; se había enfundado unos pantalones de montar de color oscuro, y calzaba botas con espuelas. Entró en el teatro con pasos lentos y dramáticos, como si estuviera representado el papel del asesino del presidente; pensó que sería la última vez que entraría a un teatro sin que las personas se levantaran a aplaudirle; se detuvo un momento y comprobó la posición de Lincoln, y acto seguido, subió por las escaleras llevando un sombrero de fieltro negro en la mano, y de esta manera llegó al pasillo que daba hasta los palcos. Avanzó unos pasos y un guardia le cerró el paso, y al interrogarlo, Booth le dio su tarjeta. Le dijo que el presidente lo había llamado, y sin detenerse, siguió caminando y cerró la puerta detrás de él.

Su cita con la historia estaba a segundos de cumplirse. Pegó la cara a la puerta detrás del presidente y vio por la mirilla para comprobar la distancia entre él y su víctima.

Abrió la puerta sigilosamente, sacó su pistola y acercó el cañón hasta la cabeza de Abraham Lincoln. Una vez en posición, disparó. La cabeza de Lincoln rebotó hacia el frente y después se fue de lado para desplomarse en su mecedora. Booth saltó al escenario. Nadie sabía lo que estaba pasando, y como muchos reconocieron al actor, pensaron que era parte de la obra, hasta que un grito de mujer heló la sangre de los asistentes. Acto seguido, el comandante Rahtbone, quien había sido herido en el brazo, se levantó y pidió que detuvieran a ese hombre porque había matado al presidente.

Súbitamente el teatro se convirtió en un pandemonium; los hombres se empujaban entre sí, aplastándose en su afán de subir al escenario para atrapar al asesino de Abraham; las butacas eran arrancadas de su sitio; las barandillas eran destrozadas con el paso de la multitud enfurecida; algunos gritaban ¡dispárenle! ¡mátenlo! La situación se complicó cuando una compañía de soldados entró en la sala a bayoneta calada y comenzó a avanzar sobre la multitud, empujando a quienes encontraban a su paso para poder seguir su camino.

Los varios médicos que se encontraban en la sala, se acercaron a Lincoln y revisaron su herida, pero nada podían hacer; desafortunadamente aquella era mortal, por lo que no permitieron que fuera llevado a la Casa Blanca, ya que las condiciones del camino no eran las adecuadas para un hombre en su condición. Dos soldados lo cargaron de los hombros y otros dos de los pies, y lo sacaron del teatro. La sangre escurría de su herida e iba marcando el camino por el cual lo conducían, mientras algunas personas se habían acercado y con sus pañuelos recogieron un poco de aquella sangre, la cual conservarían como una reliquia.

Los soldados, acompañados de gente que amaba a Lincoln, lo llevaron hasta el otro lado de la calle, a una pensión desvencijada propiedad de un sastre. La cama era pequeña para aquel hombre grande, y tuvieron que tenderlo en diagonal sobre el lecho; alumbraron la habitación con una deficiente lámpara de gas. Pero esta no era la única desgracia que iba a suceder, a la misma hora que Booth disparó a Lincoln, Seward había sufrido un atentado mientras estaba en su cama. Había sido apuñalado y no se tenían muchas esperanzas de que se recuperara. Inmediatamente comenzaron a surgir rumores de que todo el gabinete había sido asesinado por un comando de confederados, y que la rendición de Lee sólo había sido un engaño.

La sociedad secreta que había planeado asesinar a Lincoln había perdido la oportunidad, porque Booth se les había adelantado y los había puesto en grave peligro, por lo que todos huyeron de la ciudad con gran prisa. Los ciudadanos de Washington salieron a la calle con intenciones de quemar el teatro y ahorcar al asesino de Lincoln.

Esta tragedia ocasionó graves consecuencias por todo el país en cuanto la noticia se corrió; los simpatizantes del Sur que vivían en el Norte, fueron amarrados a las vías del tren, llenados de alquitrán y emplumados; otros murieron a golpes; un editor de un periódico fue asesinado por publicar calumnias en contra del presidente muerto. El país se había quedado sin cabeza, Seward había sido apuñalado y el vicepresidente Jonson se había emborrachado por la pena, así que el único con decisión para tomar las riendas del país en ese momento era Stanton, el Ministro de Guerra, quien en un desesperado afán de frenar cualquier ataque hacia el resto del gabinete, daba órdenes sin parar junto a la cabecera de Lincoln.

Ordenó que se montaran guardias armados en las casas de todos los miembros del gabinete; acordonó el teatro y no dejó marcharse a nadie de los que ahí trabajaban; la ciudad entró en estado de sitio; llamó a toda la policía, servicio secreto, soldados y demás espías, y los convocó a patrullar las calles de la ciudad; el río estaba siendo custodiado por barcos de vapor y cañoneras. Envió un telegrama a Nueva York en el que solicitaba que le enviaran a sus mejores detectives; ordenó que se vigilara la frontera canadiense, y pidió al presidente del ferrocarril de Baltimore que detuviera a Grant y lo mandara de regreso lo más pronto posible.

Una vez hecho esto, Stanton envió una compañía completa a Maryland, mientras que hacía que mil soldados fueran tras el asesino, quien, según lo que él creía, intentaría llegar al Sur.

La bala que disparó el cobarde actor logró atravesar el cerebro de Lincoln. Había entrado por debajo de la oreja izquierda y terminó su mortal viaje a una pulgada del ojo derecho. Gracias a su extraordinaria fortaleza física, Abraham había logrado sobrevivir nueve horas. Su esposa había sido obligada a permanecer en una habitación junto a la de su moribundo esposo, y a cada momento exigía que se le permitiera permanecer junto a él, pero cuando llegó a

Monumento a Lincoln en la ciudad de Washington, Estados Unidos de Norteamérica.

su lado y estaba acariciando la mejilla de éste, Lincoln comenzó a quejarse de manera más fuerte y Mary dio un grito y cayó desmayada.

Stanton escuchó el grito y corrió hacía la habitación. Cuando entró vio a Mary desmayada junto a la cama de su esposo y ordenó que se la llevaran y no la dejaran volver a entrar. A las siete de la mañana los quejidos terminaron y el rostro de Lincoln presentaba una paz y tranquilidad que desde hacía mucho tiempo no reflejaba, y veintidós minutos después, Lincoln había dejado este mundo. El médico, de apellido Leale, quien había estado con él todo el tiempo, colocó dos monedas sobre sus párpados para evitar que se le abrieran, tal como Tom Lincoln lo había hecho con la madre de Abraham muchos años atrás. Ahora se había reunido con ella y con su amada Ann Rutledge.

Un sacerdote que había sido llamado oró por el alma de Lincoln, y el general Bernes cubrió el rostro apacible del presidente con una sábana. Stanton lloraba en un rincón de la habitación mientras cerraba las persianas para que no entrara la luz, y dijo: "Ahora pertenece a la eternidad".

Tras la muerte de Lincoln

El cortejo fúnebre

Los restos de Lincoln serían llevados por tren hasta Illinois, y éste avanzaba muy lentamente debido a la gran multitud que se había reunido para despedirse de él; el vagón que llevaba sus restos mortales estaba adornado con crespones y banderas. Las personas reunidas alrededor del tren reflejaban en sus rostros la tristeza y desolación de quien ha perdido a alguien muy querido. Cuando el tren llegó a la ciudad de Filadelfia tardó horas en poder avanzar, pues las personas se aventaban contra el tren para siquiera poder tocarlo.

A su llegada al Independence Hall, la gente se apretujaba para lograr ver por un segundo, el rostro de Abraham Lincoln; su apacible semblante. Las filas para poder entrar eran de más de cinco kilómetros; la gente avanzó por más de diez horas, sólo quería estar cerca de él por última vez, pero a las doce de la noche las puertas de aquel recinto fueron cerradas, y muchas personas se quedaron afuera sin poder volver a verlo, negándose a ir a sus casas, permaneciendo en ese mismo lugar toda la noche. Los niños hicieron un gran negocio, pues vendían su lugar en la fila por diez dólares.

Las fuerzas del orden la estaban pasando mal, pues la

gente les impedía mantener las calles y avenidas libres para el tráfico. Las mujeres se desmayaban mientras que algunos soldados que habían luchado en el ejército de la Unión hacían su mejor esfuerzo por mantener el orden. Los últimos servicios fúnebres iban a realizarse en Nueva York, pero desde un día antes las personas de todo el país llegaban a esta ciudad; los trenes estaban llenos y no había boletos disponibles; los hoteles estaban a su máxima capacidad, así como las casas de huéspedes y pensiones: no cabía un alma en aquella ciudad.

En la mañana del día siguiente dio inicio la procesión. Dieciséis caballos blancos tiraban de la carroza fúnebre por la avenida Broadway. La multitud lanzaba flores al paso de ésta, como si en cada flor se enviara un trocito del alma de los asistentes a la triste ceremonia. Los pisos altos de las casas de esa avenida habían sido ocupados por espectadores que habían pagado cuarenta dólares por poder asomarse a las ventanas para ver el cortejo. En las esquinas se podía escuchar a coros que entonaban himnos religiosos dedicados a Abraham Lincoln, a quien saludaban los disparos de cien cañones, como si trataran de hacerle saber hasta el cielo que Norteamérica estaba de luto por su pérdida.

Al llegar al Ayuntamiento de la ciudad, el féretro fue puesto en el centro de una sala y abierto; las personas se acercaban y algunos intentaban tocar el rostro mientras el guardia no prestaba atención, incluso hubo una mujer que se inclinó a besar el rostro de Lincoln. Cuando el féretro fue cerrado, miles de personas se abalanzaron a los trenes para poder llegar al Oeste, a los lugares que el cortejo habría de visitar.

Cuando salía de una ciudad, los habitantes acompañaban al cortejo una buena parte del trayecto haciendo filas a lo largo de las vías del tren, y por las noches encendían antorchas formando un pasillo de almas encendidas. Cuando llegó el cortejo a Springfield, las campanas comenzaron a tañer, y los cañones a disparar. Las personas estaban desconsoladas, todo el país estaba conmocionado con la muerte de este gran hombre, incluso hubo quien se suicidó gritando que se iba a reunir con Abraham Lincoln.

Cuarenta y ocho horas después de la muerte de Lincoln, un comité de Springfield viajó para hablar con Mary y tratar de convencerla de que sepultara a su marido en ese pueblo, pero ella se negó rotundamente, argumentando que ya no tenía amigos en ese lugar y que sus hermanas no se llevaban bien con ella, así que no tenía motivos para enterrarlo allí. Su idea era sepultar sus restos mortales en Chicago, bajo la cúpula del Capitolio Nacional en una tumba que había sido construida para Washington.

Pero después de una semana de estar escuchando los ruegos de la comitiva de Springfield, aceptó que fuera llevado a ese pueblo. Sin embargo, al llegar, vio la tumba y no aceptó que fuera sepultado allí, pues estaba cerca de la tumba de una familia con la que tenía rencillas, por lo que exigió que fuera sepultado en el cementerio de Oak Ridge. Si las órdenes de la señora Lincoln no eran cumplidas, amenazaba con llevarse de regreso el cuerpo a Washington, así que a toda marcha se pusieron a trabajar los hombres para cumplir su capricho.

A las once de la mañana, la carroza fúnebre comenzó su marcha hacia el cementerio. Encabezando el cortejo se encontraba el general "Peleador Joe" Hooker, y hasta atrás iba uno de los mejores amigos de Abraham, se trataba de su caballo "Old Buck", el cual llevaba una manta que decía "El caballo del viejo Abe". Los cazadores de recuerdos se abalanzaron sobre el pobre caballo y cuando llegó de regreso a su establo, la manta era sólo unos cuantos hilachos. Lo mismo pasó con la carroza fúnebre, que fue asaltada por estos hombres, quienes le arrancaron los adornos y herrajes, hasta que la situación fue controlada por los soldados, que con la bayoneta calada los hacían retroceder.

La señora Lincoln pasó semanas enteras encerrada en

su alcoba de la Casa Blanca, negándose a abandonarla, mientras su hijo lloraba y sufría la pérdida de su padre.

¿Qué pasó con Booth?

Cuando Booth disparó contra Lincoln, el comandante Rathbone lo alcanzó a sujetar por el brazo, pero el asesino lo apuñaló en repetidas ocasiones en el suyo, así que lo soltó y éste saltó al escenario que estaba cuatro metros abajo. Sin embargo, en el salto se le atoró una espuela en la bandera que adornaba el palco, y al caer se fracturó un hueso de la pierna izquierda. El dolor lo cimbró, pero no podía detenerse, así que se repuso y gritó: "*Sic semper tyranis*" (Así siempre a los tiranos) el lema de Virginia, y corrió por el escenario, apuñaló a un músico que intentó detenerlo, tiró a una actriz y salió por la puerta de atrás donde lo esperaba su caballo.

En su desesperada bestia galopó hasta llegar al puente de Anacostia, donde el sargento Cobb, con la bayoneta calada, le salió al paso y le preguntó que quién era y qué hacía viajando tan tarde, advirtiéndole que las leyes prohibían salir después de las nueve. Pero Booth haciendo gala de sus dones actorales, le dijo que se llamaba John W. Booth y que estaba en la ciudad en viaje de negocios, pero que se le había hecho tarde y esperaba a que la luna le iluminara el camino de regreso, lo cual parecía coherente, y el sargento lo dejó continuar.

Pocos minutos después, Herold, compinche de Booth, pasó por el puente con la misma historia, así que también lo dejó pasar. Ambos criminales se reunieron en el sitio indicado y cabalgaban juntos pensando en la manera en que serían recibidos en Dixie: serían héroes. Cerca de la media noche se detuvieron en la taberna de unos amigos, y pidieron las cosas que la esposa de Surrat les había dejado allí. Acto seguido, bebieron whisky e hicieron alarde de haber asesinado a Lincoln. Una vez hecho esto, siguieron su viaje.

El plan era cruzar el Potomac por la mañana, pero la fractura de Booth los haría cambiar los planes, pues ya no soportaba el dolor. Decía que cada salto del caballo le desgarraba la carne, por lo que se desviaron a la izquierda hasta llegar a la casa del médico Samuel A. Mudd, que estaba a diecisiete kilómetros al sudeste de Washington. Al ver el estado del asesino, el médico le ayudó a bajar del caballo y lo llevó adentro. El galeno no sabía nada del asesinato de Lincoln, pues en su región no había telégrafo, por lo tanto nadie sabía nada.

Booth le explicó que el caballo se le había caído encima y que lo había fracturado, así que el médico no sospechó nada y procedió a atenderlo. Le cortó la bota, pues la pierna estaba tan hinchada que resultaba imposible sacarla, le acomodó el hueso en su lugar y le entablilló la pierna; elaboró una rústica muleta y le dio un zapato para que pudiera seguir su viaje. Pero Booth se quedó dormido todo ese día en la residencia del médico.

Al amanecer del día siguiente, se levantó con dificultad, se arregló el bigote, le pagó al doctor y se puso un par de patillas postizas para disfrazar su apariencia. Después, continuaron el viaje, pero como se habían desviado, el camino de regreso al Potomac era difícil y cenagoso, así que los jinetes se perdieron y estuvieron metidos en esa difícil tierra por varias horas hasta que un negro de nombre Oswald Swann, que iba pasando en su carreta, los ayudó a salir. Booth le dio siete dólares para que lo llevara en su carreta pues el dolor ya no le permitía seguir montado en su caballo, y el negro los llevó hasta la casa del Capitán Cox, quien era un rico confederado.

Booth habló con Cox, le dijo quién era y que había asesinado a Lincoln, y le suplicó lealtad, pues él sólo había hecho lo que le parecía mejor para el Sur. Booth ya no podía seguir su viaje pues su estado era tan deplorable que no podía soportar el dolor, así que el capitán los ocultó en un pinar cercano a su propiedad, y allí esperaron por casi una semana a que la pierna del cobarde asesino mejorara para continuar su camino.

El capitán tenía un hermano de leche que se había dedicado a trabajar para los confederados de manera encubierta. Solía llevar esclavos y correspondencia en su bote, y lo convenció de cuidar a Booth y a su acompañante, por lo que el asesino salía acompañado de sus cerdos y fingía alimentarlos mientras caminaba por el bosque. El herido asesino le había pedido que le llevara periódicos para enterarse de las consecuencias del atentado y ver cómo lo recibiría el Sur, pero al leer las primeras páginas de todos los periódicos, se dio cuenta de que el Sur ahora lo odiaba y lo condenaba; sus sueños de gloria se habían roto en mil pedazos.

Booth culpaba a todo el mundo de ser hipócritas y se consideraba a sí mismo como un instrumento de Dios, que había servido a un pueblo "demasiado degenerado" para apreciar su obra. Mientras tanto, tres mil detectives y diez mil soldados lo buscaban por todos lados; no dejaban piedra sin voltear. Buscaban en todos los rincones, ciénegas y cuevas, y no cejarían en su esfuerzo hasta encontrarlo y llevarlo vivo o muerto ante la justicia. Además, estaba el interés por cobrar la generosa recompensa de cien mil dólares.

Los caballos que transitaban por los caminos cercanos relinchaban y se llamaban entre ellos, y esto podría delatarlos, pues sus caballos podrían contestar al llamado de los otros, así que Herold los llevó hasta el pantano y allí los mató a tiros. Pero había sido una medida desesperada, porque a los pocos días los cuervos ya circulaban sobre los cadáveres de los animales, y esto llenó de miedo a Booth, quien decidió que había llegado la hora de marcharse, aparte de que necesitaba conseguir un médico. El 21 de abril, fue puesto en un caballo que pertenecía al hermano de Cox.

Jones, el hermano de Cox, los llevó hasta el río. La maniobra era ejecutada con discreción para evitar que los policías y soldados los atraparan; viajaron así por horas hasta que por fin lograron llegar al río, donde los soldados de la

Unión habían estado derruyendo todos los botes que encontraban. Pero Jones le había ordenado a su esclavo que lo escondiera mientras lo utilizaba todos los días para pescar, de esta manera no lo destruirían, así que cuando los criminales llegaron al río, todo estaba listo.

Booth subió al bote y le pagó diecisiete dólares y una botella de whisky a Jones, y partieron a bordo de la pequeña embarcación. Toda la noche Herold remó y Booth trató de navegar utilizando una brújula, pero una corriente muy fuerte los llevó varias millas arriba imposibilitando que se acercaran a Virginia, así que tuvieron que permanecer ocultos en las ciénegas de Nanjemoy Cove. Por la noche continuaron su viaje hasta que por fin lograron llegar a Virginia. Booth respiró aliviado, pensaba que en ese lugar se acabarían sus problemas.

El fugitivo se dirigió a la casa del doctor Richard Stewart, quien era un agente confederado, pero éste ya había sido arrestado varias veces por ayudar a los del Sur, así que no se arriesgaría por el asesino de Lincoln. De mala gana les dio comida y los mandó a pasar la noche con una familia de negros, pero éstos tampoco querían recibirlo y tuvo que intimidarlos para que los dejaran quedarse allí.

Había logrado cruzar la colina en compañía de tres soldados que regresaban de la guerra, y se quedó en la propiedad de un hombre de apellido Garrett, a quien le había dicho que su nombre era Boyde y que había sido herido en la guerra. Garrett los dejó quedarse ahí por dos días, pero el 25 de abril uno de los soldados que lo había ayudado a llegar hasta allí, le avisó que los soldados estaban cruzando el río, que tuviera cuidado, así que mejor se internaron en el bosque. Por la noche regresaron a la casa, lo que le pareció muy sospechoso al dueño y quiso librarse de ellos lo más pronto posible.

Esa noche les dio alojamiento en un depósito de tabaco y una vez que entraron allí, le puso candado a la puerta; y una vez que los tenía atrapados, envió a sus hijos a la mitad de la noche a vigilar que aquellos hombres no le fueran a robar sus caballos, porque eso pensaba, que eran ladrones de caballos. Sin embargo, los soldados venían siguiendo la pista a los asesinos muy de cerca, y a las tres de la mañana llegaron a la propiedad de los Garrett. El teniente Baker apuntó su arma a la cabeza del dueño de la propiedad y le exigió que entregara a Booth, pero el viejo les dijo que se habían ido al bosque, mas no le creyeron y amenazaron con colgarlo. Uno de sus hijos salió y les dijo la verdad.

Los soldados llegaron al depósito de tabaco y hablaron con Booth, quien les dijo que no se rendiría y que estaba discapacitado, pero que pelearía con todos y cada uno de ellos si se retiraban cien metros. Herold si se quería entregar, lo que molestó a su compañero, que de todos modos salió con las manos arriba, pidiendo piedad, lloriqueando que él no había tenido que ver en el asesinato de Lincoln, y

John Wilkes Booth había acabado con la vida del más perfecto de los gobernantes, una vana ambición había terminado con la vida de Abraham "el honesto" Lincoln.

que incluso le gustaban sus cuentos, así que lo amarraron a un árbol.

Mientras, Booth se había incorporado y había puesto una mesa como barrera para defenderse. Las órdenes estrictas eran capturar vivo a Booth, pero un hombre llamado Corbett, quien era un fanático religioso, apuntó y soltó un certero tiro en el instante en que Booth se había acercado a la puerta después de tirar su escopeta. Booth cayó herido de muerte, el depósito había sido incendiado para hacer salir al asesino, pero ahora Baker tenía que ir por él. Una vez que lo inmovilizó, lo llevaron cargando a la entrada de la casa mientras que un soldado viajaba cinco kilómetros en busca de un médico.

El asesino de Lincoln agonizó por espacio de dos horas y media, siempre bajo un gran dolor e incluso pedía que lo mataran. Antes de morir, Booth pidió que le levantaran las manos para poder verlas por última vez, pero estaban rígidas y era imposible. Vio que el esfuerzo era vano y dijo: "¡Es inútil! ¡Es inútil!", y esas fueron sus últimas palabras. Antes de morir pidió que le dieran un mensaje a su madre, que le dijeran que había hecho lo que creía mejor y que había muerto por su país.

Booth había muerto casi a la misma hora que Lincoln.

NOTAS

_____

_____

_____

_____

_____

_____

_____

_____

_____

_____

_____

_____

_____

_____

_____

NOTAS

TÍTULOS DE ESTA COLECCIÓN

Esta obra se terminó de imprimir
en marzo de 2004, en
Litográfica Ingramex, S.A. de C.V.
Centeno 162-1
Col. Granjas Esmeralda
México, D.F.

Certificado No. 02-2082